그림으로 읽는 🔍

잠 못들 정도로 재미있는 이야기

내장 지방

구리하라 다케시 감수 | **최연경** 감역 | **김선숙** 옮김

BM (주)도서출판 **성안당**

2

배가 볼록 나왔다면 신경 쓰일 것이다.

신종 코로나 바이러스의 만연으로 내장 지방을 걱정하는 사람이 급증하고 있다. 과식이나 과음, 여기에 운동 부족까지 더해지면 당연히 내장 지방이 쌓이기 쉽지만 좀처럼 빠지지는 않는다.

내장 지방은 왜 축적되고, 왜 무서운 것일까. 우선은 내장 지방이 쌓이는 구조와 그 위험에 대해 살펴보도록 하자. 그런 다음 내장 지방을 빼는 법을 알아보자. 어려운 건 아무것도 없다. 꾸준히 노력하면 내장 지방도 쉽게 제거할 수 있다.

내장 지방의 특징은 붙기도 쉽고, 빼기도 쉽다는 것. 내장 지방이 쌓이는 이유는 주로 밥·면·빵·과일 같은 '당질'의 과다 섭취에 있다. 당질은 간에서 중성 지방과 합성되어 에너지원이 되는데 에너지로 소비되지 않은 중성 지방은 내장 지방으로 축적되어 버리는 것이다.

또한, 내장 지방은 대사증후군의 원인이 되기도 한다. 내장 지방은 단순한 지방이 아니다. 방치해 두면 3대 생활 습관병인 '고혈압', '당뇨병', '지질 이상증'을 불러올 수 있다. 내장 지방은 확실히 무서운 질병을 일으키는 '생명의 위험 신호'인 것이다.

이 책에서는 간단히 내장 지방을 줄이는 법을 소개한다. 이 기회에 코로나 시대를 건강하게 살아가기 위한 지혜를 얻었으면 좋겠다.

내장 지방을 잘 알아두고, 쌓아 두지 않는 생활을 목표로 하기 바란다.

구리하라 클리닉 도쿄·니혼바시원장
구리하라 다케시

4

제2장

방치하면 무서운 내장 지방의 위협 23

6

7

제 1 장

내장 지방 빼는 법,
운동만이 정답은 아니다

01 볼록 튀어나온 배의 정체가 뭐지?

내장 주위 지방이 생활 습관병의 원인

볼록 튀어나온 배와 해마다 늘어가는 허리둘레…. 배 주위의 지방 때문에 고민하는 사람이 적지 않다.

배가 볼록 튀어나오는 이유는 '내장 지방'이라고 하는 지방의 축적이 원인이다. 내장 지방이란 그 말 그대로 내장 주변에 있는 장 등 소화기관을 고정하는 막에 쌓인 지방을 말한다. 너무 많이 쌓인 상태를 '내장 지방형 비만'이라고 하며, 그 실루엣이 사과와 비슷하다 해서 '사과형 비만'이라고도 한다.

원래 몸에 붙는 지방에는 3종류가 있는데, 내장 지방 외에도 '피하 지방'이 있다. 피하 지방은 피부 바로 밑에 붙는 지방으로 허리에서 허벅지 부분에 잘 축적되는 특징이 있다. 피하 지방이 지나치게 쌓인 상태를 '피하 지방형 비만', 혹은 그 실루엣으로 인해 '서양배형 비만'이라고 부른다.

또 하나는 '이소성(異所性) 지방'이다. 이소성 지방이란 몸에 쌓이면 좋지 않은 곳인 근육이나 장기에 붙은 지방을 말한다.

보건복지부는 허리둘레를 대사 증후군(심장병이나 뇌졸중 등을 일으키기 쉬운 상태)의 진단 기준의 하나로 삼고 있는데, 이는 내장 지방이 건강을 해치는 물질을 방출하기 때문이다. 볼록한 배는 생활 습관병을 일으키는 위험 신호라고도 할 수 있다.

몸에 쌓이는 주요 지방

인체의 약 20%는 지방으로 이루어져 있다. 지방은 크게 내장 지방, 피하 지방, 이소성 지방으로 나누어지는데, 그중에서 가장 빼기 쉬운 것이 내장 지방이다.

잡힌다!

피하 지방

피하, 즉 피부 바로 밑에 쌓이는 지방이다. 체온을 유지하고 에너지를 축적하며, 외부의 충격으로부터 몸을 보호하는 쿠션 역할을 한다.

잡히지 않는다!

내장 지방

복강 내, 내장 주변에 존재하는 지방을 말한다. 너무 많이 쌓이면 온갖 질병에 걸리기 쉽다.

붙으면 귀찮아!

이소성 지방

위험성도 크다!

근육이나 장기 세포에 직접 붙는 지방으로 건강에 악영향을 미친다. 외모에 잘 드러나지 않기 때문에 숨겨진 비만의 원인이 되기도 한다.

근육 　　 간 　　 췌장

이런 곳에 붙기 쉽다!

02 내장 지방은 중년 이후가 위험 신호

여성 호르몬과 근육량 감소

내장 지방의 특징 중 하나는 나이가 들수록 잘 붙는다는 점이다.

특히 여성은 45~55세 전후로 폐경하면 그 이후 그 이전의 2배 속도로 내장 지방이 빠르게 축적되어 간다. 여성 호르몬은 임신과 출산에 관련되는 골반 내의 장기를 보호하기 위해 허리 주위를 중심으로 피하 지방이 쌓이도록 작용한다. 그런데 폐경 후에 여성 호르몬의 분비량이 감소하면 피하 지방이 잘 쌓이지 않는 대신 내장 지방이 쌓이기 쉬운 것이다.

남성의 경우에도 '나잇살'이라고 하는 말이 있듯이 나이가 들수록 내장 지방이 붙기 쉽다. 그 원인은 근육이 빠져 기초 대사량이 줄어드는 데 있다. 기초 대사량이란 심장을 움직이고 호흡을 하며, 체온을 유지하는 등 생명을 유지하기 위해 소비하는 에너지의 양을 말한다. 그 에너지는 주로 근육이 지방 등을 연소함으로써 만들어지는데, 노화되면서 근육량이 줄어들면 지방이 에너지로 바뀌지 않고 축적되기 쉽다.

여성의 경우 과도한 칼로리 제한이나 당질 제한을 하는 등 다이어트로 인해 근육량이 줄고 기초 대사량이 떨어져 내장 지방이 증가하는 경우도 있다.

또 40세 전후가 되면 체중은 표준이라도 내장에 지방이 쌓여 체지방률이 높은 '숨은 비만'인 사람도 늘어난다.

여성 호르몬(에스트로겐) 분비량의 변화

여성은 40대 이후 여성 호르몬(에스트로겐)의 분비량이 급격하게 줄면서 내장 지방이나 이소성 지방이 붙기 쉬운 체질로 바뀌어 간다.

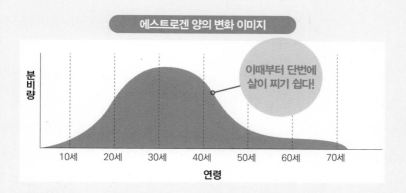

에스트로겐 양의 변화 이미지

이때부터 단번에 살이 찌기 쉽다!

분비량 / 연령 / 10세 / 20세 / 30세 / 40세 / 50세 / 60세 / 70세

30대 이후에는 남녀 모두 기초 대사량이 줄어든다

나이가 들면서 살이 찌는 원인 중 하나는 기초 대사량이 줄어 지방이 잘 연소되지 않기 때문이다. 30대 이후에는 특히 식사와 운동 등 생활 습관을 재검토할 필요가 있다.

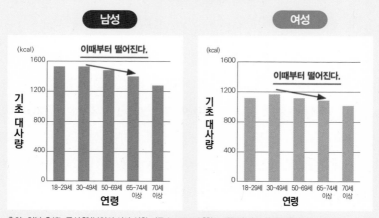

남성 / **여성**

(kcal) / 이때부터 떨어진다. / 기초 대사량 / 1600 / 1200 / 800 / 400 / 0 / 18-29세 / 30-49세 / 50-69세 / 65-74세 이상 / 70세 이상 / 연령

(kcal) / 이때부터 떨어진다. / 기초 대사량 / 1600 / 1200 / 800 / 400 / 0 / 18-29세 / 30-49세 / 50-69세 / 65-74세 이상 / 70세 이상 / 연령

출처: 일본 후생노동성 『일본인의 식사 섭취 기준』(2020년판) 『참조 체중의 기초 대사량』을 참고하여 작성.

13

내장 지방은 중년 이후기 위험 신호

03 내장 지방 증가의 범인은 당질이었다!

지질보다 당질이 체지방이 되기 쉽다

'체지방이 쌓이는 식사'라고 하면 '지질'을 떠올리는 사람이 많을 것이다. 물론 지질 과다 섭취는 몸에 지방이 쌓이는 원인이 된다. 하지만 그것보다 문제는 '당질'의 과다 섭취이다. 지방의 원료는 지질과 당질이나 사실 당질 쪽이 더 지방이 되기 쉽다.

밥이나 빵, 파스타 등 당질이 듬뿍 들어 있는 식사를 하면 혈액 속 당(혈당)의 양인 혈당치가 올라간다. 그러면 췌장에서 인슐린이라는 호르몬이 분비되어 혈당을 근육세포에 흡수함으로써 혈당치를 낮추려고 한다. 흡수된 혈당은 에너지원이 된 뒤 글리코겐으로서 저장되는데 다 쓰지 못한 혈당은 지방세포에 흡수되어 중성 지방(체내에서 에너지로 사용되는 지방)으로 전환된다. 이 중성 지방이 지나치게 늘어나면 내장 지방이나 피하 지방이 되어 축적되는 것이다.

또한 체내에 유입된 당질과 지질은 간으로 보내져 중성 지방을 합성한다. 중성 지방은 혈액 속을 흘러 각 기관에 운반되어 에너지로서 소비되는데, 다 쓰지 못한 중성 지방도 축적된다.

즉, 당질이나 지질(특히 당질)을 너무 많이 섭취한 상태에서 몸을 움직이지 않고 에너지를 별로 소비하지 않는 생활을 계속하면 지방이 자꾸 축적되어 가는 것이다.

살이 찌는 원인은 지질보다 당질

음식에 함유되어 있는 지질이 그대로 지방이 되는 것은 결코 아니다.
음식을 먹을 때 주의해야 할 것은 지질보다 당질의 과다 섭취다.

OK ▼
지질

NG ▼
당질

당질이 몸무게를 늘린다!

남은 인슐린이 '비만 호르몬'으로 작용한다

당질 과다 섭취로 인해 분비된 인슐린이 남아돌게 되면 '비만 호르몬'이 되어
지방 합성을 촉진하기 때문에 내장 지방이 쌓인다.

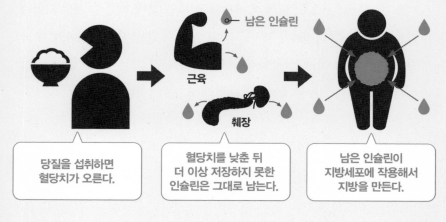

남은 인슐린

근육

췌장

당질을 섭취하면
혈당치가 오른다.

혈당치를 낮춘 뒤
더 이상 저장하지 못한
인슐린은 그대로 남는다.

남은 인슐린이
지방세포에 작용해서
지방을 만든다.

내장 지방 빼는 법, 운동만이 정답은 아니다

04 칼로리를 신경 쓰는 사람일수록 당질을 섭취한다?!

전 연령대 남녀 모두 당질 섭취량은 과다

다음 페이지 그래프는 삿포로맥주주식회사가 20~60대 남녀 1,000명을 대상으로 실시한 '식습관 및 당질 섭취 실태 조사' 결과이다.

구리하라 클리닉이 권장하는 하루 당질 섭취량은 남성이 250g, 여성이 200g. 그래프상에서는 이 권장치를 당질 섭취량의 기준치로 삼았는데, 전 연령대 남녀 모두 당질 섭취량이 기준치를 초과했다. 하루 식사에서 섭취하는 당질의 양이 과잉 경향을 보인 것이다. 기준치 이상의 당질을 섭취하는 사람의 비율은 73.5%인데, 그중 남성이 62.4%, 여성이 84.7%였다. 여성이 더 당질을 과다 섭취한다는 것을 알 수 있다.

특별히 두드러진 내용은 "칼로리를 과다 섭취하지 않도록 주의하고 있다."라고 대답한 사람 중 기준치 이상의 당질을 섭취하는 비율을 조사한 결과이다. 그래프를 보면 알 수 있듯이 칼로리에 신경 쓰는 사람일수록 당질을 과다 섭취하는 경향이 강하다.

그 배경에는 지방이 쌓이는 커다란 원인을 당질이 아니라 칼로리 섭취에 있다고 생각하는 데 있다. 하지만 실제로는 지방이 쌓이지 않도록 하려면 칼로리를 과다 섭취하지 않도록 주의할 게 아니라 당질을 과다 섭취하지 않도록 주의해야 한다. 먹는 음식의 당질 양을 일상적으로 의식해서 적당히 절제하는 것이다.

식습관 및 당질 섭취 실태 조사

전국 20~60대 남녀 1,000명에게 '식습관 및 당질 섭취 실태 조사'를 실시한 결과, 하루에 섭취하는 당질의 평균량은 남녀 모두 전 세대가 기준치를 초과했으며, 칼로리를 과다 섭취하지 않도록 주의하는 사람일수록 당질을 과도하게 섭취하는 것으로 나타났다.

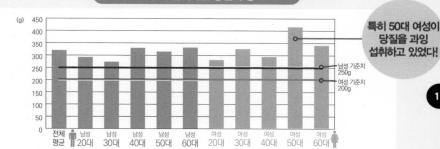

하루에 섭취하는 당질의 양

특히 50대 여성이 당질을 과잉 섭취하고 있었다!

샷포로맥주 조사 (구리하라 다케시 감수)
출처: 샷포로맥주 주식회사 '식습관 및 당질 섭취 실태 조사(20~60대 남녀 1,000명 대상)'를 참고로 작성.

많은 사람이 무의식적으로 당질을 과다 섭취한다는 것을 알 수 있다. 그중에서도 50대 여성들은 당질을 중심으로 한 간식을 과잉 섭취하는 것으로 나타났다.

전체 응답자 중 기준치 이상의 당질을 섭취하는 사람의 비율과
"칼로리를 과다 섭취하지 않도록 주의하고 있다."라고 응답한 사람 중
기준치 이상의 당질을 섭취하는 사람의 비율

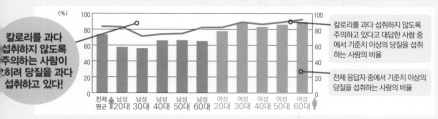

칼로리를 과다 섭취하지 않도록 주의하는 사람이 오히려 당질을 과다 섭취하고 있다!

칼로리를 과다 섭취하지 않도록 주의하고 있다고 대답한 사람 중에서 기준치 이상의 당질을 섭취하는 사람의 비율

전체 응답자 중에서 기준치 이상의 당질을 섭취하는 사람의 비율

샷포로맥주 조사 (구리하라 다케시 감수)
주) 칼로리: 식품의 영양가를 열량(에너지)으로 환산하여 나타낸 단위.
    당질: 탄수화물에서 식이 섬유를 뺀 것.
    출처: 샷포로맥주 주식회사 '식습관 및 당질 섭취 실태 조사(20~60대 남녀 1,000명 대상)'를 참고로 작성.

전체 응답자에 비해 "칼로리를 과다 섭취하지 않도록 주의하고 있다."라고 대답한 사람이 오히려 당질을 과다 섭취하는 것으로 나타났다. 당질과 칼로리에 대해 이해하는 것이 중요하다는 것을 알 수 있다.

칼로리를 신경 쓰는 사람일수록 당질을 섭취한다?!

05 내장 지방이 쌓이는 과정

피하 지방 → 내장 지방 → 이소성 지방 순으로 축적된다

음식을 먹으면 에너지원이 되는 중성 지방을 만들어 몸의 각 기관으로 보낸다. 그런데 당질·지질의 과다 섭취나 운동 부족 등으로 중성 지방을 에너지로 다 소비하지 못하면 지방이 되어 체내에 축적된다. 지방에는 내장 지방, 피하 지방, 이소성 지방, 3종류가 있다. 이 중 가장 먼저 축적되는 것은 피부 바로 밑에 있는 피하 지방이다.

피하 지방은 전신에 붙는데, 특히 여성의 하반신(하복부, 허벅지, 엉덩이 등)에 잘 붙는 경향이 있다.

피하 지방으로 축적되지 않은 중성 지방은 내장 주위에 붙는 내장 지방으로 쌓인다. 내장 지방의 특징은 배가 불룩 튀어나온다는 것과 만져도 손에 집히지 않는다는 것. 피하 지방은 만지면 손에 잡힌다.

내장 지방으로도 축적하지 못하고 남는 중성 지방은 이소성 지방으로 쌓이게 된다. 이소성 지방이란 간이나 췌장, 근육 등 원래 지방이 쌓이면 안 되는 부위에 쌓인 지방으로, 제3의 지방이라고도 한다. 이소성 지방의 특징은 겉보기에는 날씬해 보이는 사람에게도 쌓여 있는 경우가 많다는 것이다. 특별한 자각 증상이 없기 때문이다. 하지만 장기나 근육에 쌓인 이소성 지방은 그 장기가 가진 본래의 기능을 떨어뜨린다. 2형 당뇨병과 같은 질병을 악화시킬 위험도 있으므로 주의해야 한다.

왜 포도당이 아니라 지방으로 축적되는 거지?

체내에 축적된 에너지를 일부러 포도당에서 지방으로 바꾸는 이유는 같은 양의 경우, 지방이 약 2배나 되는 에너지를 저장할 수 있기 때문이다. 포도당으로 비축하는 데는 지방의 약 3배나 되는 수분이 필요하기 때문에 지방으로 비축하는 것보다 더 무겁다.

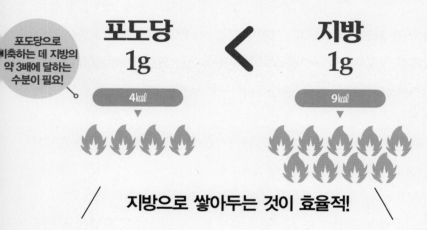

포도당으로 비축하는 데 지방의 약 3배에 달하는 수분이 필요!

포도당
1g

4kcal

지방
1g

9kcal

지방으로 쌓아두는 것이 효율적!

지방이 몸에 쌓이는 순서

당질을 과도하게 섭취하면 에너지로 다 소비하지 못하고 체내에 중성 지방으로 쌓인다. 중성 지방은 우선 피하 지방으로 축적되는데 축적하지 못하고 남은 양이 내장 지방이 되고, 더 남으면 근육과 장기에 쌓여 이소성 지방이 된다.

피하 지방 ➡ **내장 지방** ➡ **이소성 지방**

나머지는 내장 주위에 쌓인다.

그러고도 남은 양은 근육과 장기에 쌓인다.

내장 지방이 쌓이는 과정

06　비만은 단백질 부족이 원인?

알부민 수치로 건강 상태를 확인한다

　　　　　　근육은 에너지를 많이 소비하는 기관이다. 호흡을 하거나 심장을 움직이는 등 생명 유지에 필요한 에너지의 양(기초 대사량) 가운데 근육이 30~40%를 소비한다. 근육에는 지방을 에너지로 바꾸어 소비하는 기능도 있어 **근육량이 증가하면 살이 잘 빠지고 살이 잘 찌지 않는 체질이 된다.**

　근육을 늘리기 위해서는 근력 트레이닝 같은 운동뿐만 아니라 근육의 근원이 되는 단백질을 충분히 섭취하는 것도 중요하다. **단백질이 충분한지 부족한지는 '알부민' 수치가 기준이 될 수 있다.**

　혈액 속에 들어 있는 알부민은 단백질의 일종이다. 주로 인간의 체내에서 아미노산을 온몸의 조직으로 운반하는 역할을 담당하기 때문에 알부민의 양이 충분하면 근육을 유지할 수 있다고 할 수 있다. 이상적인 알부민 수치는 5.0~5.3g/㎗이고 4.4g/㎗ 이상 있으면 근육이 증가하기 시작한다. 또한 알부민 수치가 높을수록 건강해서 오래 사는 것으로 알려져 있다. 한편 알부민 수치가 3.6g/㎗ 이하이면 몸의 기능이 쇠약하다고 할 수 있다.

　알부민 수치를 보면 단백질 섭취량이 부족한지 알 수 있을 뿐만 아니라 건강 상태도 알 수 있다. 내과나 소화기내과, 내분비내과 등이 있는 의료기관이나 건강 검진 혈액검사로 알아볼 수 있으니 궁금하다면 검사를 받아보는 것은 어떨까?

알부민 수치와 몸의 상태

알부민 값(g/㎗)	몸의 상태
~3.6	몸의 기능이 쇠약해진다.
~4.1	신종 영양실조
~4.4	근육이 늘기 시작한다.
~4.6	피부가 반들반들해진다.
~4.7	머리카락이 건강해진다.
~4.8	손톱이 고와진다.
~5.0	표정이 살아 있다.
5.0~5.3	이상

> 단백질을 먹으면 알부민이 증가하고 중성 지방이 줄어든다!

알부민 수치와 수명의 관계

알부민 수치가 높으면 근육이 늘어 지방을 잘 연소하게 된다. 또한 알부민 수치가 높은 사람이 보다 오래 사는 것도 알려져 있다.

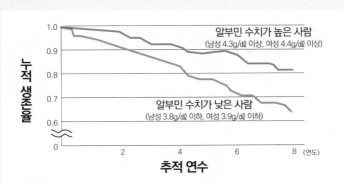

※ 누적 생존율: 관찰 기간에서 기간별 생존율을 곱하여 대상자가 생존해 있을 확률을 구한 것.
출처: Age and Aging, 1991;20 ; 417-420, H. Shibata et al._ongitudinal Changes of Serum Albumin in Elderly People Living in the Community를 참고로 작성

내장 지방 빼는 뻔, 운동만이 정답은 아니다

살이 찌지 않은 음식은 어느 쪽일까?

1

가라아게*를 먹으면 살찐다고 생각하기 쉬우나 주재료가 단백질이다. 오히려 당질이 많은 주먹밥이 더 살찌기 쉽다.

가라아게*
*닭고기나 생선 등의 재료에 밀가루나
전분을 묻혀 기름에 튀겨낸 일본 음식

VS

살이 찐다.

주먹밥

2

토마토케첩은 토마토로 만들어 몸에 좋을 것 같지만 당질이 함유되어 주의를 요한다.
반면 올리브유는 올리브 열매에서 짜낸 식물성 기름으로 지방 연소 효과를 기대할 수 있다.

살이 찐다.

토마토케첩

VS

올리브유

3

둘 다 건강한 이미지이지만 메밀에는 당질이 많이 함유되어 있다. 반면 회에는 당질이 적다.

생선회

VS

살이 찐다.

소바(메밀국수)

4

술이라도 증류주인 위스키라면 당질 제로. 반면 야채주스에는 당질이 많은 당근이나 과당을 함유한 것도 있다.

살이 찐다.

야채주스

VS

위스키

제 2 장

방치하면 무서운
내장 지방의 위협

07 지방간을 고쳐야 살을 뺄 수 있다?!

간에 지방이 쌓이는 지방간 주의

당질을 과다 섭취하거나 운동 부족 생활을 계속하면 내장이나 근육 등에 지방(이소성 지방)이 쌓이게 된다. 특히 간에 지방이 너무 많이 쌓이면 당뇨병이나 심근경색, 뇌혈관 장애 등 각종 생활 습관병을 유발하는 '지방간'이 생긴다.

간은 체내에서 다양한 역할을 하는데, 그 중 몸에 흡수된 영양소를 몸에 도움이 되는 형태로 바꾸는 역할(대사)이 지방간과 관련이 있다. 당질은 몸에 흡수되면 포도당으로 분해되어 몸의 에너지원이 된다. 간은 포도당을 글리코겐의 형태로 저장하는데, 혈액 속의 포도당이 부족하면 글리코겐을 포도당으로 되돌려 혈액 속으로 방출함으로써 혈당을 안정시키는 작용을 한다.

그런데 저장되는 글리코겐의 양에는 한계가 있다. 저장량을 초과하면 간은 포도당을 중성 지방으로 바꾸어 저장해두고 혈당이 떨어지면 포도당으로 되돌려 혈액 속으로 방출한다.

게다가 중성 지방의 저장량에도 한계가 있어, 일정량 이상이 되면 중성 지방이 혈중에 넘쳐 혈당치나 중성 지방 수치를 급상승시켜 생활 습관병을 일으킨다.

지방간이 생기면 간의 대사 기능이 떨어져 당 대사와 혈당을 안정시키는 기능이 나빠진다. 그 결과 지방이 쌓이기 쉬우므로 효율적으로 살을 빼기 위해서도 지방간은 치료해야 한다.

골칫거리는 간에 지방이 쌓인 지방간

이소성 지방 중 간에 지방이 쌓인 것을 '지방간'이라고 부른다. 간에는 혈액 속의 포도당을 흡수하여 저장하는 기능이 있는데, 지방간이 생기면 그 기능이 저하되어 살이 찌기 쉬운 체질로 바뀐다.

지방간은….

| 자각 증상이 없다. | 살이 찌기 쉬운 체질이 된다. | 생활 습관병을 일으킨다. |

생활 습관병의 나무

치매

당뇨병

부정맥

신장병

심근경색

뇌경색

비만

뇌출혈

지질 이상증

고혈압

치주염

지방간

모든 생활 습관병은 지방간으로 인해 시작된다. 살이 잘 빠지지 않는 데다 진행되면 간암 등 다양한 질병을 악화시키는 원인이 된다.

나쁜 생활 습관으로 인해 발생한다.

지방간을 고쳐야 살을 뺄 수 있다?!

08 마른 사람도, 술을 마시지 않는 사람도 지방간이 생길 수 있다

이소성 지방, 당질 과다에도 주의해야

'지방간'이라고 하면 뚱뚱한 사람이나 술 마시는 사람에게 생긴다고 생각하는 사람이 많을 것이다. 하지만 뚱뚱하지 않아도 지방간이 생기는 사람이 있고, 술을 매일 마시는 데도 지방간이 생기지 않는 사람이 있다. 오히려 술은 적당량이라면 매일 마셔도 된다(자세한 내용은 88페이지 참조).

비만은 지방간으로 이어지는 고위험 요인인 것만은 분명하다. 하지만 주의할 것은 언뜻 보기에 마른 사람이라도 지방을 축적하기도 한다는 점이다. 중성 지방의 일종인 이소성 지방은 간이나 근육에 붙는데 평소 운동으로 다진 날씬한 체형의 사람에게서 발견되기도 한다.

지방간은 크게 '알코올성 지방간'과 '비알코올성 지방간'으로 나눌 수 있다.

알코올성 지방간은 지나친 음주가 원인이 되어 생기는 지방간이다. 술을 습관적으로 장기간 섭취하여 간에서 알코올을 대사하는 능력이 떨어진 상태를 말한다.

이에 반해 비알코올성 지방간은 당질 과다 섭취로 인해 중성 지방이 간에 쌓여 발생하는데, 술을 마시지 않는 사람에게도 지방간이 생길 수 있다. 과일이나 설탕, 밥, 빵 등 당질이 높은 음식을 과다 섭취하는 여성에게 많은 것이 특징이다. 지방간은 간경변증이나 간세포암으로 진행될 수도 있으므로 주의해야 한다.

지방간은 알코올만이 원인은 아니다!

간을 상하게 하는 가장 흔한 원인은 과음. 간의 해독 작용이 알코올의 양을 따라가지 못해 간에 너무 많은 부담이 가기 때문이다. 하지만 지방간은 술을 마시지 않는 사람의 경우에도 생길 수 있다.

알코올성 지방간
=

알코올
과다 섭취

술을 많이 마시면 당질을 너무 많이 섭취했을 때와 마찬가지로 중성 지방을 합성하는 간의 역할이 커진다.

비알코올성 지방간
=

당질
과다 섭취

과다하게 섭취한 당질이 중성 지방이 되어 간에 쌓인다. 술을 마시지 않아도 당질을 과다 섭취하면 지방간이 되는 것이다.

마른 사람도 지방간이 생길 수 있을까?

살이 안 쪘으니까 괜찮아!

뚱뚱하지 않아도 지방간이 생기는 경우가 있다. 자각 증상도 없기 때문에 본인도 주위 사람도 모르게 진행되기도 한다. 국내의 지방간인 사람은 추정 3,000만 명, 일본인 4명 중 1명 꼴로 지방간이 있다고 할 수 있다.

마른 사람도, 술을 마시지 않는 사람도 지방간이 생길 수 있다

09 지방간인지 아닌지는 건강 검진 ALT(GPT), AST(GOT)로 바로 알 수 있다

겉보기로는 알 수 없고 자각 증상도 없다

이소성 지방은 마른 체형에도 쌓이는데 겉으로는 알 수 없다는 특징이 있다. 게다가 간에 30% 이상의 중성 지방이 쌓이면 지방간으로 간주하는데 그만큼 쌓여도 명확한 자각 증상이 없다.

지방간인지 아닌지를 파악하기 위해서는 건강 검진에서 먼저 'ALT (GPT)'와 'AST(GOT)' 항목을 체크해야 한다. ALT(Alanine aminotransferase, 알라닌아미노전이효소(GPT(Glutamic pyruvate transaminase)))는 대부분 간에 존재하는 효소로, 당질을 과다 섭취하여 간세포에 이상이 나타나면 수치가 상승한다. AST(Aspartate aminotransferase, 아스파테이트아미노전이효소(GOT(Glutamic oxalacetic transaminase)))는 간뿐만 아니라 골격근이나 심근에도 존재하는데, 간세포가 망가졌을 때 상승한다. 구리하라 클리닉이 주장하는 이상치는 5~16U/ℓ로, 둘 중 하나가 16을 초과하면 지방간이 시작되고 있을 가능성이 있다. 둘 다 16 이상이면 이미 지방간이 시작되었다고 봐도 된다.

또한 간에서 생성되어 담즙에 배출되는 효소 'γ-GTP'의 수치에도 주목해야 한다. 알코올성 간 장애나 당질의 과다 섭취 등으로 인해 간의 부담이 큰 상태가 계속되면 간세포에 있던 것이 혈액 속으로 새어 나와 수치가 상승한다. 이상치는 일반적인 기준치(그 범위에 들어가 있으면 문제가 없다고 여겨지는 수치)보다 엄격하게 설정되어 있다. 지방간을 예방하기 위해서는 이상치를 염두에 두고 초과한 경우에는 평소의 식사와 생활 습관을 다시 검토해야 할 것이다.

지방간인지 아닌지는 수치로 알 수 있다!

건강 검진 수치 중에서도 눈여겨봐야 할 것이 '간 기능 검사'이다.
기본적인 간 기능 검사 항목에는 'ALT(GPT)' 'AST(GOT)' 'γ-GTP'가 있다. 이 세 가지 수치로 간의 상태를 파악할 수 있다.

ALT(GPT)

이상치 5~16U/L
(일반적인 기준치: 10~30U/L)

아미노산을 만들 때 사용되는 효소로 간에 많이 존재한다. 간세포가 파괴되면 ALT가 혈중으로 방출되기 때문에 수치가 높으면 간세포의 파괴가 진행되고 있다고 볼 수 있다.

AST(GOT)

이상치 5~16U/L
(일반적인 기준치: 10~30U/L)

아미노산을 만들 때 사용하는 효소로 간과 근육에 많이 존재한다. 간뿐만 아니라 근육이 파괴되었을 때도 수치가 올라가기 때문에 ALT(GPT) 수치와 비교하여 간 기능 상태를 추측한다.

γ-GTP

이상치~
기준치 10 ~ 50U/L (남성)
10 ~ 30U/L (여성)

간에 함유된 효소로 단백질을 분해한다. 알코올의 영향을 받기 쉬워, ALT(GPT)나 AST(GOT)의 밸런스로 알코올성 간 장애를 진단하는 기준으로 삼는다.

주의해야 할 건강 검진 수치

내장 지방으로 축적되는 전 단계 중성 지방의 양은 건강 검진을 받을 때 혈액 검사로 확인할 수 있다. 중성 지방과 마찬가지로 지질 이상증의 원인이 되는 콜레스테롤 수치나 혈압, 혈당치 등 생활 습관병 관련 지표도 확인하자.

방치하면 무서운 내장 지방의 위험

주의해야 할 수치

검사 항목		기준치
혈압	수축기 혈압(최고 혈압)	~129mmHg
	이완기 혈압(최저 혈압)	~84mmHg
지질 대사 검사	LDL 콜레스테롤(LDL-C)	70~139mg/dℓ
	HDL 콜레스테롤(HDL-C)	남성: 40~80mg/dℓ 여성: 40~90mg/dℓ
	중성 지방 (TG / 트리글리세라이드)	50~149mg/dℓ
당 체질계 검사	혈당치(FPG)	(공복 시) 70~109mg/dℓ
	HbA1c(NGSP)	5.9% 이하

지방간에 관한 수치

검사 항목	기준치
ALT(GPT)	10~30U/L
AST(GOT)	10~30U/L
γ-GTP	남성: 79U/L 이하 여성: 48U/L 이하
알부민	3.7~5.5g/dℓ

간 검사

병명과 진단 기준

건강 검진 결과를 보면 생활 습관병이나 지방간의 가능성을 확인할 수 있다. 중성 지방이나 혈당치만 주목할 것이 아니라 생활 습관을 재검토해 보자. 전체적인 수치 개선을 목표로 하는 것도 좋다.

주요 생활 습관병 진단 기준

병명		진단 기준
고혈압		수축기 혈압 140mmHg 이상 혹은 이완기 혈압 90mmHg 이상
지질 이상증	저 HDL 콜레스테롤혈증	LDL 콜레스테롤 140,140㎎/㎗ 이상
	고 LDL 콜레스테롤혈증	HDL 콜레스테롤 40㎎/㎗ 미만
	고중성 지방 혈증	중성 지방(트리글리세라이드) 150㎎/㎗ 이상
당뇨병		공복 시 혈당치 126㎎/㎗ 이상, HbA1c 6.5% 이상

> 어느 것이든 하나라도 해당되면 지질 이상증

지방간 예방을 위한 이상치

이상치
ALT(GPT) 5〜16U/L
AST(GOT) 5〜16U/L
γ-GTP 남성:10〜50U/L, 여성:10〜30U/L
알부민 5.0〜5.3g/㎗

지방간인지 아닌지는 건강 검진 ALT(GPT), AST(GOT)로 바로 알 수 있다

10 1주일이면 지방간을 없앨 수 있다

당질을 약 15% 줄이면 개선된다

지방간은 병원에 다니면서 치료해야 한다고 생각하는 사람이 있을지도 모른다. 하지만 가벼운 지방간이라면 1주일 정도 식사 제한을 하는 것만으로 상당히 좋아질 수 있다. 식사 제한이라 해도 당질을 좀 줄이면 될 정도로 간단하다.

당질이 많은 대표적인 식품은 밥이나 빵, 우동이나 파스타 같은 주식이다. 밥 1그릇의 당질의 양은 약 55그램, 식빵 1장은 약 27그램, 우동 1그릇은 약 59그램이다. 참고로 조각 케이크는 1개에 당질의 양이 약 51그램이나 된다. 채소류 중에도 호박이나 감자, 고구마 등은 비교적 당질이 높기 때문에 주의가 필요하다.

1일 당질 섭취량의 기준치는 남성 250g 이내, 여성 200g 이내이므로 밥을 4그릇 먹으면 그 자체만으로도 당질이 220g이나 돼 여성 기준치를 초과한다. 반면 고기나 생선, 달걀 등에는 거의 당질이 함유되어 있지 않기 때문에 지방간을 치료할 때는 주식을 적게 먹고 그만큼 단백질로 양을 채우는 것이 좋다.

주식을 약 15% 줄이고 고기나 생선, 채소 등을 많이 섭취하도록 한다. 평소 주스를 마시거나 과자를 먹는 습관이 있는 사람은 그것을 줄이는 것도 좋은 방법이다. 주식 이외의 음식에서 당질 섭취량을 줄인다면 주식에서는 10% 정도 줄이는 것이 좋다.

어렵지 않다! 지방간을 없애는 3가지 포인트

1일 당질 섭취량 기준치는 남성 250g, 여성 200g 이내이다. 가벼운 지방간일 경우 1주일 정도 당질을 제한하면 상당한 개선을 기대할 수 있다.

밥

평소보다 약 15% 줄이면 OK!

술

마무리 라면을 참으면 OK!

칼로리

당질이 낮은 음식으로 하면 OK!

식품에 함유된 당질의 양

당질이 많은 식품

식품명	당질(g)
밥(1그릇)	55.0
식빵(1장)	26.6
우동(1그릇)	58.5
메밀국수(1그릇)	47.3
스파게티 미트소스	77.7
일본식 드레싱 (1큰술)	2.4

당질이 적은 식품

식품명	당질(g)
돼지고기 (안심100g)	0.1
다진 닭고기 (100g)	0
치즈 (20g)	0.2
고등어 통조림	0.3
달걀 (1개)	0.2
올리브유 (1큰술)	0

참고: 『일본식품표준성분표 2015년판(개정)』, 『식품별 당질의 양 핸드북』 등을 참고로 작성

11 지방이 잘 붙는 부위는 남녀가 다르다

내장 지방은 위험도가 높지만 줄이기도 쉽다

일반적으로 내장 지방은 남성에게 잘 붙고, 피하 지방은 여성에게 잘 붙는다.

내장 지방과 피하 지방은 성질이나 역할도 달라, 피하 지방형 비만보다 내장 지방형 비만 쪽이 고혈압이나 당뇨병 등 생활 습관병에 걸릴 위험이 높은 것으로 알려져 있다. 피하 지방은 질병을 유발할 위험이 낮은 셈이다.

지방이 잘 붙는 부위는 왜 남녀가 다를까? 그 이유는 여성 호르몬 에스트로겐이 내장 지방의 분해를 촉진하고, 피하 지방으로 바꾸는 작용을 하기 때문이다. 에스트로겐은 혈압을 낮추거나 동맥경화를 방지하는 작용도 한다.

여성도 폐경 후에 여성 호르몬이 감소하면 내장 지방이 증가하는데, 자궁이나 난소 주변에 축적되기 쉬운 것으로 알려져 있다. 다만 여성은 같은 연배의 남성에 비해 내장 지방 양이 적고, 생활 습관병에 걸리는 사람의 비율도 낮다.

내장 지방은 과다 섭취나 운동 부족이 계속되면 즉시 쌓인다. 쌓이는 속도가 빠른 반면 식습관을 바꾸거나 운동을 하면 급속히 줄어든다. 내장 지방이 줄면 허리둘레도 눈에 띄게 줄어들므로 식사 제한을 하거나 운동을 하는 데 큰 힘이 될 것이다. 반면 피하 지방은 한 번 붙으면 좀처럼 줄어들지 않는다는 특징이 있다.

남성에게 붙기 쉬운 지방과 여성에게 붙기 쉬운 지방

일반적으로 남성에게는 내장 지방이 잘 붙고 여성에게는 피하 지방이 잘 붙는 특징이 있다. 내장 지방과 피하 지방은 성질이나 역할이 다른데, 질병을 유발할 위험성은 내장 지방 쪽이 높다.

남성 지방의 특징	여성 지방의 특징
내장 지방이 붙기 쉽다.	피하 지방이 붙기 쉽다.
배 주위에 잘 붙는다.	허리나 허벅지에 잘 붙는다.
축적하기 쉽다.	잘 축적되지 않는다.
연소되기 쉽다.	잘 연소되지 않는다.
운동이나 식사 개선 효과가 쉽게 나타난다.	운동이나 식사 개선 효과가 쉽게 나타나지 않는다.
동맥경화의 발단	동맥경화 유발 위험이 낮다.
지방이상증, 심근경색 등의 위험이 높다.	유방암, 무호흡증 등의 위험이 높다.
겉보기로는 잘 모를 수도 있다.	겉보기로도 알기 쉽다.

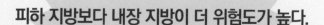

피하 지방보다 내장 지방이 더 위험도가 높다.

35

지방이 잘 붙는 부위는 남녀가 다르다

12 내장 지방이 초래하는 최악의 결말

장수 호르몬과 포만 호르몬의 억제

내장 지방은 너무 많이 쌓이면 생활 습관병의 위험이 증가하는 등 우리의 생명을 위협할 수도 있는 위험한 것이다.

내장 지방이 위험한 이유 중 하나는 '장수 호르몬'이라 불리는 '아디포넥틴'의 작용을 저해하기 때문이다. 아디포넥틴은 지방세포에서 분비되는 생리활성물질 중 하나로 체내에서 당의 대사를 원활하게 하여 혈당을 낮추기도 하고 혈관을 넓혀 혈압을 낮추고, 세포벽을 복구하여 동맥경화를 억제하는 등 건강을 유지하는 데 중요한 역할을 한다. 내장 지방이 너무 많아지면 아디포넥틴 분비량이 감소한다. 게다가 나쁜 생리 활성물질이 분비되고 혈관 벽에 염증을 일으켜 동맥경화가 진행된다.

또 다른 위험한 이유는 너무 늘어난 내장 지방이 지방세포에서 분비되는 호르몬 '렙틴'의 작용을 저해한다는 것이다. 렙틴(Leptin)은 음식을 충분히 먹었을 때 더 이상 먹지 않아도 된다고 뇌에 전하는 식욕 억제 호르몬으로 '포만 호르몬'이라 부르기도 한다. 그런데 내장 지방이 너무 늘어나면 렙틴의 메시지를 뇌가 정확하게 받아들이지 못하기 때문에 아무리 많이 먹어도 포만감을 느낄 수가 없다. 그렇게 되면 무심코 과식해버리는 습관이 계속되기 때문에 결과적으로 내장 지방이 계속 증가하는 악순환에 빠지게 된다.

내장 지방이 만병을 일으킨다

지방은 사람이 살아가는 데 필수적인 에너지이지만 너무 증가하면 생명 활동을 저해한다.
자각 증상이 없다고 해서 방치하면 생활 습관병을 비롯한 다양한 질병의 원인이 되어 돌이킬 수 없는 상태가 되어 버리는 것이다.

당뇨병	고혈압	암
동맥경화	뇌졸중	심장병
치매	지질 이상증	골다공증

온갖 질병의 위험이 높아진다!

좋은 호르몬의 작용을 저해한다

중성 지방

렙틴	저해	아디포넥틴
=		=
포만 호르몬		장수 호르몬

포만감을 알려주는 호르몬.
렙틴이 보낸 메시지를
뇌가 올바르게 받아들이지 못하면
아무리 많이 먹어도
포만감을 느낄 수가 없어
과식하게 되는 악순환에 빠진다.

혈당치나 혈압, 혈액 내의
지질의 양을 조절하고 세포벽을
복구해주는 생리활성물질.
동맥경화나 당뇨병 등
생활 습관병을 예방해 주며
지방을 연소시키는 작용을 한다.

37

내장 지방이 초래하는 최악의 결말

13 정말로 위험한 당뇨병과 합병증

증상 없이 살금살금 다가오는 실명과 인공 투석

'당뇨병'은 발생 원인에 따라 크게 1형 당뇨병과 2형 당뇨병으로 나뉘는데, 생활 습관이나 체질이 원인이 되어 발병하는 것이 '2형 당뇨병'이다. 당질을 과다 섭취하는 생활을 계속하면 혈액 속의 혈당량을 관리하는 호르몬인 인슐린의 작용이 감소하게 된다. 이렇게 되면 혈액 속에 당이 많은 고혈당이 되어 당뇨병이 생긴다. 당뇨병은 자각 증상 없이 혈액 속에 넘치는 당으로 혈액이 걸쭉해져 혈관을 손상시키기 때문에 동맥경화가 점점 진행된다. 이로 인해 모세혈관이 끊어지거나 막히면 모세혈관이 지나가는 기관이나 장기에서 합병증을 일으킨다. 그 3대 합병증이 '당뇨병성 망막증', '당뇨병성 신증', '당뇨병성 신경 장애'이다.

당뇨병성 망막증은 자각 증상이 없이 실명에 빠질 수 있는 무서운 질병이다. 망막에 있는 모세혈관이 파열과 재생을 반복하는 동안 혈관 내에 혹이 생기는데, 그 혹이 파열되어 출혈을 일으키면 눈이 갑자기 보이지 않게 된다. 당뇨병성 신증은 신장에 있는 사구체(모세혈관이 실타래처럼 뭉쳐 있는 덩어리)가 제 기능을 하지 못하면 발병한다. 사구체는 혈액을 여과하는 일을 하기 때문에 기능을 발휘하지 못하면 혈액의 노폐물을 소변으로 배출할 수 없어 인공투석이 필요한 경우도 있다.

당뇨병성 신경 장애는 말단 신경이 제 기능을 하지 못하게 되는 질병으로 피부궤양이나 감각 마비, 괴저 등이 발생할 수 있다.

당뇨병이 되는 과정

당뇨병은 소변에 당분이 많이 섞여 나오기 때문에 붙여진 병명이다. 혈중에 여분의 당을 줄이는 인슐린이 정상적으로 분비되지 않아 생긴다.

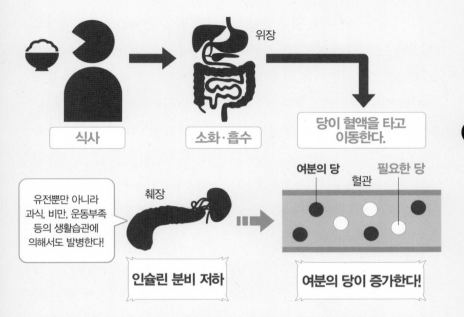

정말로 위험한 당뇨병과 합병증

당뇨병의 3대 합병증

당뇨병성 망막증

고혈당을 방치하면 망막이 손상되면서 발병한다. 당뇨 발생 5년 후에 10%, 20년 후에 70%가 망막증을 일으킨다. 망막증의 시력 저하로 인해 매년 약 3,000명이 실명한다.

당뇨병성 신증

신장의 가느다란 혈관이 모인 사구체라는 부분이 손상되는 합병증이다. 신증이 진행되어 사구체가 손상되면 혈액의 노폐물을 걸러내지 못하므로 인공 투석을 해야 살아갈 수 있다.

당뇨병성 신경 장애

5~10년 된 당뇨병 환자의 약 30% 정도가 신경 장애를 일으킨다. 손발 저림이나 통증 등의 감각신경 장애, 감각의 둔감이나 마비, 자율신경 장애가 일어나면 이상 발한이나 배변 이상이 생기기도 한다.

14 중성 지방이 쌓인다 = 혈액이 걸쭉하다

지나치게 많으면 동맥경화가 진행된다

중성 지방은 당질로부터 만들어지는 지질의 일종으로 몸을 움직이고 체온을 유지하는 등 신체 활동을 하는데 에너지로 쓰인다. 인간이 살아가는 데 중성 지방은 꼭 필요한 것이지만 너무 많이 늘어나면 여러 가지 문제를 일으킨다.

혈액 속에 중성 지방의 양이 많아지면 혈액이 걸쭉한 상태가 되어 혈관 속을 원활하게 흐르지 못한다. 그렇게 되면 서서히 혈관이 손상되고 심각한 질병으로 이어지는 '동맥경화'가 진행된다. 동맥경화란 혈관의 상처에 지질이나 나쁜 콜레스테롤이 들어가 플라크가 생긴 상태를 말한다. 플라크는 콜레스테롤 덩어리로, 이것이 있으면 혈관 안이 좁고 딱딱해져서 혈액이 흐르기 어려워지기 때문에 혈압도 높아진다. 게다가 진행되어 플라크가 파열되면 복구하기 위해서 혈관 내에 혈전(피가 굳어서 된 조그마한 덩어리)이 발생한다. 최악의 경우 혈전에 의해 혈관이 막히거나 파열될 수도 있다.

동맥경화가 생기면 가장 무서운 곳은 '뇌'다. 뇌 속의 혈관에 혈전이 막히는 '뇌경색'이나 뇌 속의 혈관이 터져서 출혈하는 '뇌출혈' 등 죽음으로 이어지는 큰 병으로 유인한다. 동맥경화는 심장에도 큰 부담을 주는데다 심장이 제 기능을 하지 못하는 '심부전'이나 심장 내 혈류가 일시적으로 끊기는 '협심증', 심장의 혈관에 혈전이 막히는 '심근경색' 등을 일으키기도 한다.

동맥경화를 방치하면 생기는 병

뇌

뇌경색
뇌 속의 혈관이 막혀 뇌세포가 손상된다.

뇌출혈
뇌 속 혈관이 터져 출혈이 생기고 뇌세포가 손상된다.

심장

협심증
관상동맥*이 좁아져 일시적으로 혈류가 끊긴다.

심근경색
관상동맥*에 혈전이 막혀서 혈류가 끊긴다.

심비대
고혈압으로 인해 강한 압력으로 혈압을 계속 내보내면 심장이 비대해진다.

심부전
심비대의 진행으로 심장의 기능이 떨어진다.

눈

안저 출혈
망막의 동맥에서 출혈이 일어나 시력 장애를 일으킨다.

대동맥

대동맥류
동맥경화로 인해 혈관이 약해져 대동맥에 혹이 생긴다.

신장

신경화증
동맥경화로 인해 신장의 기능에 장애를 일으킨다.

신부전
신장경화증이 진행되면서 신장 기능이 떨어진다.

동맥(말초)

폐색성 동맥경화증
말초 동맥경화가 진행되고 혈류가 악화된다.

＊관상동맥: 심장 근육에 혈액을 보내는 혈관.

중성 지방이 쌓인다=혈액이 걸쭉하다

당질을 제한하면 치매도 예방할 수 있다!

치매는 유전과 노화에 따라 발병하는 병으로 생각하지만 큰 원인은 생활 습관에 있다. 치매의 주된 원인은 '아밀로이드 베타'라는 단백질이 뇌의 신경 세포에 쌓여 뇌를 위축시키는 데 있다. 그러므로 당질을 제한하고 운동을 하는 등 생활 습관을 바로잡아야 치매를 예방할 수 있다.

폭음 폭식

당질

운동 부족

흡연

수면 부족

스트레스

◆ 소방 분야

강좌명	수강료	학습일	강사
소방기술사 1차 대비반	620,000원	365일	유창범
[쌍기사 평생연장반] 소방설비기사 전기 x 기계 동시 대비	549,000원	합격할 때까지	공하성
소방설비기사 필기+실기+기출문제풀이	370,000원	170일	공하성
소방설비기사 필기	180,000원	100일	공하성
소방설비기사 실기 이론+기출문제풀이	280,000원	180일	공하성
소방설비산업기사 필기+실기	280,000원	130일	공하성
소방설비산업기사 필기	130,000원	100일	공하성
소방설비산업기사 실기+기출문제풀이	200,000원	100일	공하성
소방시설관리사 1차+2차 대비 평생연장반	850,000원	합격할 때까지	공하성
소방공무원 소방관계법규 문제풀이	89,000원	60일	공하성
화재감식평가기사·산업기사	240,000원	120일	김인범

◆ 위험물·화학 분야

강좌명	수강료	학습일	강사
위험물기능장 필기+실기	280,000원	180일	현성호,박병호
위험물산업기사 필기+실기	245,000원	150일	박수경
위험물산업기사 필기+실기[대학생 패스]	270,000원	최대4년	현성호
위험물산업기사 필기+실기+과년도	350,000원	180일	현성호
위험물기능사 필기+실기[프리패스]	270,000원	365일	현성호
화학분석기사 필기+실기 1트 완성반	310,000원	240일	박수경
화학분석기사 실기(필답형+작업형)	200,000원	60일	박수경
화학분석기능사 실기(필답형+작업형)	80,000원	60일	박수경

제 3 장

이렇게 먹으면 놀라울 정도로
배가 쏙 들어간다

15 '식사 밸런스 가이드'는 균형이 안 좋다?

이상적인 비율은 5대 3대 2

거듭 말하지만 내장 지방을 효율적으로 제거하려면 당질 섭취를 줄여야 한다.

인간의 몸에 필요한 3대 영양소는 '탄수화물', '단백질', '지질'이다. 이중 탄수화물은 당질과 식이 섬유로 구성되어 있다.

일반적으로 일본인이 섭취하는 3대 영양소의 비율은 '탄수화물 6 : 단백질 2 : 지질 2'이다. 섭취하는 영양소 중 탄수화물이 약 60%를 차지하는데 내장 지방을 줄이고 싶다면 탄수화물을 적게 먹어야 한다.

내가 생각하는 3대 영양소의 이상적인 비율은 '탄수화물 5 : 단백질 3 : 지질 2'이다. 탄수화물을 약 50%까지 제한하면 여분의 당질을 줄일 수 있다고 생각한다.

좀 더 구체적으로 말하자면 밥이나 빵, 면류 같은 주식은 지금 먹는 양의 약 15%를 줄이고 그만큼 고기와 생선 등의 단백질 섭취량을 약 15% 늘리는 것이다. 평소에 주스나 과자 등 당질이 많은 식품을 섭취했다면 그것을 끊는 것만으로도 효과를 기대할 수 있다.

참고로 당질도 중요한 영양소이기 때문에 50% 이하로 줄여서는 안된다. 하루 당질 섭취량의 기준치는 남성 250g, 여성은 200g. 이를 기준으로 당질을 섭취하는 것이 무난하다.

'균형 잡힌 식사'에는 탄수화물이 너무 많다?

2005년에 일본 후생노동성과 농림수산성이 작성한 『식사 밸런스 가이드(건강한 식생활을 위해 바람직한 1일 식사 방법과 기준이 되는 양을 제시한 자료)』는 일본인의 평균적인 식사를 기초로 만든 것이나 과학적 근거는 없다. 우리 몸은 모아둔 지방을 에너지로 쓰게 만들어져 있기 때문에 당질을 제한한다 하더라도 특별히 건강에 문제가 생기지는 않는다.

『식사 밸런스 가이드』에 의한 1일 주식 기준

밥을 적당히 담았다면
4공기

식빵이라면
6장

우동이나 메밀국수라면
3그릇

하루 총 섭취 칼로리의 50~60%를 당질로 섭취하게 된다!

탄수화물(당질)을 줄이고 단백질을 늘린다

일본인이 먹는 음식에서 탄수화물이 차지하는 비율은 전체의 약 60%나 된다. 이것을 약 10%(밥 한입 분량 ＝ 약 15%) 줄이고 그 대신 단백질로 영양을 보충하자.

탄수화물

6
▼ 약 15% 줄인다.
5

:

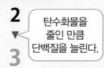

단백질

2
▼ 탄수화물을 줄인 만큼 단백질을 늘린다.
3

:

지질

2
▼
2

줄인 약 15% 분량의 탄수화물이 지방의 기초가 되는 여분의 당질이다!

16 당질을 제한해서 살을 빼는 메커니즘

인슐린이 당을 지방으로 바꾸어 축적시킨다

당질은 밥이나 빵, 우동, 메밀국수와 같은 주식에 많이 들어 있지만 감자나 고구마, 설탕을 사용한 달콤한 과자나 단맛이 강한 과일 등에도 많이 함유되어 있다.

이런 음식을 먹으면 소장에서 당질을 포도당으로 분해하여 흡수한다. 그러면 혈액 속의 당(혈당치)이 상승하기 때문에 그 혈당치를 낮추려고 췌장에서 '인슐린'이라는 호르몬이 분비된다. 인슐린은 혈액 속의 포도당을 지방으로 바꾸어 몸에 축적시키는 역할을 하기 때문에 몸에 지방이 축적되는 원인이 된다.

포도당은 에너지가 필요한 체내 기관으로 운반되어 소비되지만, 운동을 하지 않고 거의 에너지를 소비하지 않는 생활을 하다 보면 혈액 속에 남아돌게 된다. 즉, 당질을 과다 섭취하거나 운동 부족으로 포도당이 혈액에 남아 있으면 인슐린의 작용으로 점점 지방이 축적되어 간다. 반대로 생각하면 당질을 과도하게 섭취하지 않으면 지방이 축적되는 일은 없다고 할 수 있다.

그렇다고 당질을 극단적으로 줄이는 것은 좋지 않다. 당질을 줄이면 지방은 줄지만 급격하게 진행하면 몸이 위기를 느끼고 지방을 축적시킨다. 이는 이상 지질 혈증 등의 원인이 될 수 있으므로 1일 당질의 양은 15% 정도만 줄이기를 권한다.

신경 써야 할 것은 칼로리보다는 당질

지방이 증가하는 원인은 과도한 인슐린 분비에 있다. 당질을 섭취하여 혈당치가 상승하면 인슐린이 분비되므로 칼로리가 아닌 당질에 신경 써야 한다.
다시 말하면 내장 지방을 제거하기 위해서는 칼로리를 줄이기보다 당질을 억제하는 것이 효과적이라 할 수 있다.

주먹밥 3개와 캔커피 섭취 후의 혈당치 변화

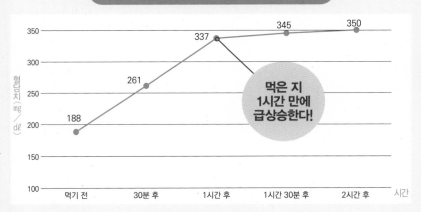

등심 스테이크(160g) 섭취 후 혈당치의 변화

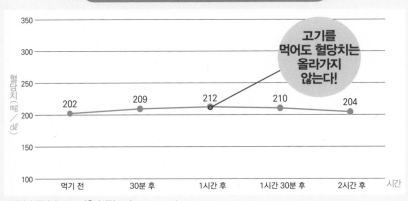

구리하라 클리닉 도쿄 · 니혼바시인 조사

47

당질을 제한해서 살을 빼는 메커니즘

17 내장 지방이 단번에 줄어드는 당질 제한

밥을 한 숟가락 줄이면 지방이 줄어든다

내장 지방을 줄이고 싶다면 당질을 조금만 줄여 보라.

조금만 줄이는 것이기 때문에 밥이나 빵 등을 전혀 먹지 않는 것은 아니다. 당질을 하루에 15% 정도만 줄이면 된다. 칼로리 제한 다이어트와도 다르므로 칼로리가 높은 고기와 달걀, 버터 같은 유제품도 먹을 수 있다. 하루에 섭취하는 당질의 목표치를 남성 250그램, 여성 200그램으로 삼으면 된다.

밥의 경우에는 한 숟가락 덜 먹으면 당질을 약 15% 줄일 수 있다. 집에서 식사를 할 때는 조금 작은 밥 그릇을 사용하면 효과적이다. 작은 밥그릇에 밥을 수북하게 담아놓으면 보기에는 부족해 보이지 않는다. 외식하는 경우에는 "밥은 조금 적게" 달라고 주문하는 습관을 들이면 좋을 것이다.

주식에는 '검은 색깔의 식품'을 선택하도록 해보자. 백미보다는 현미나 잡곡밥, 하얀 빵보다는 호밀빵이나 통밀빵을 고른다. 이런 빵에는 식이 섬유가 풍부해 포만감도 쉽게 느낄 수 있다.

단백질이나 지질이 풍부하게 함유된 고기와 생선도 적극적으로 찾아 먹자. 양질의 단백질과 지질이 풍부한 달걀은 특히 추천한다. 칼슘이 풍부한 유제품, 비타민과 미네랄이 풍부하게 함유된 야채나 해조류도 충분히 섭취하는 것이 좋다.

당질 제한의 5가지 포인트

❶ 밥을 한 숟가락 줄인다.

❷ 단백질이 풍부한 음식을 고른다.

❸ 마실 것은 물이나 차를 선택한다.

❹ 편의점의 주먹밥, 달콤한 빵, 면류는 피한다.

❺ 밤늦은 시간에는 음식을 먹지 않는다.

49

먹을 것을 가려서 먹는다

먹어도 괜찮은 음식

고기

유제품

생선

야채

달걀

해조류

줄이는 것이 좋은 음식

감자류

밥

과자

빵

청량음료

면

내장 지방이 단번에 줄어드는 당질 제한

18 지나치게 당질 제한을 하면 '저영양성 지방간' 초래 위험

이렇게 먹으면 놀라울 정도로 뱃가 쑥 들어간다

몸이 위협을 느껴 간에 지방을 쌓아 둔다

'가능한 한 빨리 내장 지방을 줄이고 싶다'거나 '당장이라도 살을 빼고 싶다'라고 하는 생각으로 당질 섭취량을 극도로 줄이는 사람이 있다. 하지만 몸을 생각한다면 그런 식으로 다이어트를 해서는 안 된다. 당질을 줄이는 것이므로 지방간을 개선할 수 있을 것 같지만 반대로 '저영양성 지방간', 일명 '다이어트 지방간'이 되어 버리는 경우가 있다.

당질은 우리 몸에 없어서는 안 되는 3대 영양소 중 하나다. 그런데 당질을 거의 섭취하지 않으면 간에 축적되는 중성 지방이 심하게 부족해진다. 중성 지방에는 식사를 하지 못할 때도 활동하는 데 필요한 에너지가 부족하지 않게 에너지를 축적해 두는 중요한 기능이 있다. 이 때문에 중성 지방이 없어지는 데 몸이 위기감을 느껴 온몸의 중성 지방을 간으로 보내도록 작용한다. 그 결과 오히려 간에 중성 지방이 집중되어 지방간이 될 수가 있다.

당질을 극단적으로 제한해서 체중이 급속히 빠졌는데도 뱃살만은 그대로라면 간에 중성 지방이 쌓여서 다이어트 지방간이 되어 있을 가능성이 있다. 하루에 남성은 250그램, 여성은 200그램의 당질은 섭취하도록 하자. 다이어트를 할 때 건강하게 뺄 수 있는 체중은 1개월에 500그램 정도이다.

다이어트를 하면 몸이 지방을 비축한다?!

내장 지방을 빼려고 과도한 당질 제한을 해서 한 달에 3kg 이상이나 체중을 줄이면 간에 축적되는 지방이 극단적으로 감소한다. 그러면 몸은 여러 부위에서 무리하게 중성 지방을 모아 간으로 보낸다.

뱃살만은 안 빠진다….

단기간의 급격한 당질 제한 ▶ 몸이 기아 상태라고 착각 ▶ 몸의 이곳저곳에서 지방을 모아 간에 보낸다!

저영양성 지방간이 되지 않기 위해서

· 감량은 한 달에 500g
· 당질은 하루 남성은 250g
  여성은 200g 정도 먹는다.

지나치게 당질 제한을 하면 '저영양성 지방간' 초래 위험

19 천천히 잘 씹어 먹어야 하는 이유

빨리 먹으면 살이 찐다

당질을 줄이는 것도 중요하지만 잘 씹어 먹는 습관도 지방을 쌓아두지 않는 몸을 만드는 데는 중요하다. '뭘 먹을까' 생각하는 데 그치지 않고 '어떻게 먹을까'도 의식하도록 하자.

그 이유 중 첫 번째는 잘 씹어 먹으면 당질을 천천히 흡수하기 때문이다. 잘 씹지 않으면 당연히 빨리 먹게 된다. 그러면 먹은 음식(당질)을 소장에서 빠른 속도로 흡수하기 때문에 혈당치가 급상승한다. 그렇게 되면 인슐린을 대량으로 분비하기 때문에 지방이 쌓이기 쉬운 것이다.

또 다른 이유는 포만감을 얻을 수 있다는 점이다. 인간의 뇌는 식사를 시작한 지 약 20분 후에 포만감을 느낀다. 그런데 빨리 먹으면 포만감을 느끼기도 전에 과식하게 되는 경향이 있다.

최근 여러 연구에서 천천히 꼭꼭 씹어 먹으면 식후 에너지 소비가 늘어나 살이 잘 찌지 않는 것으로 밝혀졌다. 천천히 오래 씹으면 침도 많이 분비되어 소화 흡수도 잘 된다.

한입에 30번 씹어 먹도록 의식해 보자. 여기다 여유를 가지고 식사하는 습관을 갖는 것도 중요하다. 기준은 아침 식사는 20분, 점심 식사는 25분, 저녁 식사는 30분 정도가 적당하다. 시간에 쫓기듯이 한꺼번에 많이 먹으면 소식해도 살이 찔 수 있다.

잘 씹어 먹으면 좋은 점

3가지 요령

- 한 입 먹고 젓가락 놓기
- 평소보다 10번 더 씹기
- 빨리 먹는 습관 버리기

좋은 점

- 당질의 흡수를 완만하게 하여 혈당치의 급상승을 막는다.
- 식후 소비 에너지가 증가하여 살이 잘 찌지 않는다.
- 포만감을 느낄 수 있어 과식을 막는다.
- 침이 많이 나와서 위장의 부담을 완화시킨다.

**빨리 먹으면 포만감을 느끼는 데 시간이 걸리고
단시간에 대량의 당질을 흡수하게 된다!**

천천히 잘 씹어 먹어야 하는 이유

음식을 천천히 오래 씹으면 소화 효소가 잘 분비된다!

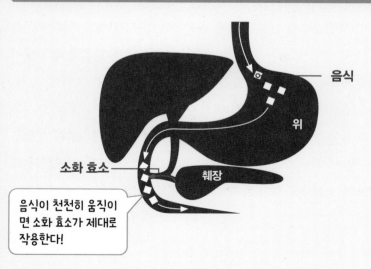

음식

위

소화 효소

췌장

음식이 천천히 움직이면 소화 효소가 제대로 작용한다!

20 먹는 순서는 식이 섬유 → 단백질 → 수분 → 당질

'밥과 빵, 면류는 마지막에 먹는다'는 철칙

지방을 효율적으로 빼기 위해서는 음식을 먹는 순서도 중요하다.

가장 중요한 포인트는 당질이 많이 함유된 탄수화물을 맨 나중에 먹을 것. 배고픈 상태에서 밥이나 빵, 면류 등을 먹으면 당질이 급격히 흡수되어 혈당이 단번에 올라간다. 그렇게 되면 인슐린이 대량으로 분비되어 여분의 당이 지방으로 축적되어 버린다. 그래서 식이 섬유가 풍부한 식품부터 먹기 시작하기를 권하고 싶다. 그다음에는 단백질 → 수분 → 당질 순서로 먹으면 된다.

야채와 해조류, 버섯류 등에 함유된 식이 섬유는 나중에 장내로 들어오는 당질의 흡수도 늦추기 때문에 혈당이 완만하게 상승하게 된다.

식이 섬유가 풍부한 식품을 먹은 다음에는 고기와 생선, 달걀, 콩 제품 같은 단백질을 먹는다. 그리고 된장국이나 수프 등의 물을 섭취해서 배를 불린 다음 밥이나 빵 등 당질을 섭취한다. 어느 정도 포만감을 얻고 나서 당질을 섭취하면 과식을 막을 수 있다.

예를 들어 생강구이(쇼가야키, 일본식 돼지 양념 구이) 정식을 먹을 경우는 우선 샐러드와 야채 반찬, 해조류를 먹자. 그다음에 고기를 먹고 나서 된장국이나 수프를 먹고 마지막으로 밥을 먹는다.

포만감이 느껴지면 밥을 억지로 다 먹지 말고 남기자. 가능하면 먹기 전에 양을 조절하는 것이 좋다.

내장 지방을 빼는 데는 먹는 순서가 중요하다

먹는 순서만 신경 써도 내장 지방을 제거할 수 있다. 먼저 '식이 섬유'를 먹으면 위장이 부드럽게 풀린다. 위장의 운동성이 활성화되어 소화할 준비가 된 곳에 '단백질'이 들어오면 남김없이 단백질을 흡수할 수 있다. 그런 다음 수분을 섭취한 뒤 마지막에 '당질'을 먹으면 급격한 혈당치의 상승을 억제할 수 있다.

1 식이 섬유

야채　　해조류　　버섯 등

2 단백질

고기　　생선　　두부 등

수분이 있는
음식을 먹는다.

된장국　　　　　　　수프

3 당질

밥　　빵　　면류 등

21 이상적인 식사 시간은 오전 10시~오후 7시

밤 10시까지 소화가 다 되도록 먹는다

식사를 하는 시간대에 신경을 써도 내장 지방이 잘 붙지 않게 할 수 있다.

그 전제 조건은 아침, 점심, 저녁 세 끼를 꼬박꼬박 먹어야 한다는 것. 한 끼를 걸러 식사와 식사의 간격이 너무 벌어지면 몸이 기아 상태가 되기 때문에 몸에 들어온 당질을 급히 흡수해 지방으로 쌓아두려고 한다. 혈당치 또한 급격히 올라가기 때문에 지방이 증가하기 쉽다.

가장 신경 써야 할 것은 저녁 식사를 너무 늦게 하지 않도록 해야 한다는 점이다. 대사를 촉진시켜 지방을 연소시키는 '성장 호르몬'은 밤 10시부터 오전 2시에 많이 분비되는데, 이 시간대에 위가 음식을 소화하고 있으면 성장 호르몬의 분비량이 줄어 지방이 잘 연소되지 않기 때문이다.

밤 10시부터 오전 2시는 지방의 합성을 촉진해 지방세포를 만들어내는 단백질 'BMAL1'(지방 저장 단백질)이 증가하는 시간대이기도 하다. BMAL1이 많이 존재하는 시간대에 많이 먹으면 그만큼 지방이 쌓이기 쉽다. 참고로 BMAL1이 가장 줄어드는 시간대는 오후 2시다. 이런 작용으로 미루어볼 때 당질이 많은 식사는 오전 10시~오후 7시 사이에 하는 것이 이상적이다.

저녁 식사가 오후 7시 이후가 될 경우에는 밤 10시까지 소화를 마칠 수 있도록 소화가 잘 되는 음식을 가볍게 먹도록 하자.

밤 10시부터 오전 2시까지가 가장 살찌기 쉽다!

체내 시계를 조절하는 유전자 중 하나로 'BMAL1'이라는 단백질이 있다. BMAL1은 지방을 늘리는 작용을 하는데, 시간대에 따라 20배 가까이나 지방을 늘리는 양에 차이가 있는 것으로 나타났다.

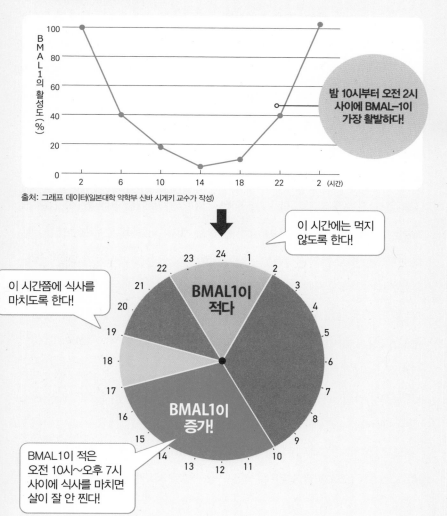

출처: 그래프 데이터(일본대학 약학부 신바 시게키 교수가 작성)

22 고기와 달걀은 적극적으로 먹어야 한다

알부민의 양을 늘려 살이 찌지 않는 몸으로

중성 지방을 없애기 위해서는 당질을 줄이는 대신 동물성 단백질이 듬뿍 함유된 고기와 달걀을 적극적으로 먹는 것이 좋다.

고기에 들어있는 지방을 멀리하는 사람이 있는데 몸의 에너지원이나 세포막 등의 재료가 되는 소중한 영양소이므로 당질을 줄인 만큼 잘 먹는 것이 정답이다.

달걀도 고기와 마찬가지로 우수한 단백질이다. "달걀은 콜레스테롤 수치를 높인다."는 주장도 있었지만 사실이 아닌 것으로 밝혀졌다.

동물성 단백질은 체내에 있는 알부민의 양을 증가시키는 효과가 있다. 20페이지에서도 언급했듯이 알부민은 혈액에 존재하는 단백질이다. 근육이나 혈관, 머리카락, 피부 등을 구성하는 조직의 재료인 아미노산을 온몸으로 운반하는 역할을 하는데, 단백질이 부족하면 아미노산을 필요한 조직에 공급하지 못하게 된다. (단백질이 부족하면) 지방을 연소하는 근육량도 줄어들게 되므로 살이 찌기 쉬운 데다가 뼈가 약해지고 면역력이 떨어지는 등의 문제도 생긴다.

하루에 섭취해야 하는 단백질 적정량은 체중 1kg당 약 1g이 기준이다. 체중이 60킬로그램이라면 60그램을 목표로 하면 된다. 고기에는 100그램당 약 20그램, 달걀에는 1개당 약 10그램의 단백질이 함유되어 있으므로 식재료를 조합할 때 신경 써서 매일의 메뉴에 넣기를 바란다.

고기랑 달걀은 많이 먹어도 괜찮을까?

지방이 쌓이는 원인은 당질이므로 고기를 많이 먹으면 살이 찐다는 말은 사실이 아니다.
달걀 또한 콜레스테롤 수치를 높이는 원인이 아니므로 걱정할 필요가 없다.

고기를 먹어도….

살이 찌지 않는다!

달걀을 먹어도….

**콜레스테롤 수치가
올라가지 않는다!**

하루에 고기랑 달걀은 얼마나 먹어야 될까?

체중 1kg당 1g
=
몸무게가 60kg이라면 60g

단백질의 기준량

• 고기 100g = 약 20g
• 달걀 1개 = 약 10g

고기와 달걀은 적극적으로 먹어야 한다

먹는 법

녹황색 채소를 더해서
단백질 대사를 높인다!

준비해 두었다가 샐러드
에 넣거나 어묵과 함께
먹는다!

함께 먹으면 많은
단백질을 섭취할 수
있어 일석이조!

고기 + 브로콜리

삶은 달걀

고기 + 달걀

23 내장 지방을 줄이려면 고등어 캔과 낫토

DHA와 EPA는 고등어캔 하나로 OK

내장 지방을 줄이기 위해 적극 활용하면 좋은 음식을 들라면 단연 '고등어 캔'과 '낫토'이다.

고등어에는 DHA(DocosaHexaenoic Acid, 도코사헥사엔산)나 EPA(EicosaPentaenoic Acid, 에이코사펜타엔산)라는 필수 지방산의 일종이 다량 함유되어 있어 6주 동안 계속 섭취하면 내장 지방이 감소하는 것으로 알려져 있다. DHA, EPA 둘다 등푸른 생선에 함유되어 있는데 체내에서는 합성할 수 없기 때문에 음식으로 섭취해야 한다. 그 중에서도 고등어 캔을 추천하는 이유는 1캔으로 DHA와 EPA의 1일 섭취 기준량(양쪽 모두 합해 약 2,000mg)을 거의 섭취할 수 있기 때문이다. 어디서나 저렴하게 구할 수 있고 간편하게 먹을 수 있는 점과 산화되지 않은 DHA, EPA를 섭취할 수 있다는 점도 매력적이다.

낫토는 영양의 보고라고 하는 만큼 내장 지방이 신경 쓰이는 사람에게 필요한 영양소도 많이 함유되어 있다. 특히 낫토의 끈적끈적한 성분인 '나토키나제'는 혈액의 응고를 막고 혈전을 녹이는 작용을 한다. 혈관이 막히는 원인이 되는 혈전은 심야부터 이른 아침에 생기기 쉬우므로 저녁 이후에 먹으면 그 효과가 더욱 좋다.

낫토의 원료인 콩에는 풍부한 식이 섬유와 식물성 단백질이 함유되어 있어 당의 분해와 흡수를 완만하게 한다. 또한 지방 대사를 촉진하는 대두 사포닌 등도 함유되어 있다.

고등어에 함유된 양질의 지방이 내장 지방에 효과!

도코사헥사엔산

EPA와 마찬가지로 체내에서는 합성할 수 없는 필수 지방산의 하나이다. 뇌신경의 정보 전달을 촉진하는 작용을 하므로 뇌의 활성화 효과를 기대할 수 있다.

에이코사펜타엔산

체내에서는 합성할 수 없는 필수 지방산 중 하나로 고등어 등 푸른 생선에 많이 함유되어 있다. 혈관과 혈액의 건강을 유지하고 중성 지방을 낮추는 작용을 한다.

고등어 캔이 편리!

- EPA와 DHA를 합해 1일 섭취 기준인 약 2,000mg를 섭취할 수 있다.
- 어디서나 구하기 쉽다.
- 조리되어 있어 간편하게 먹을 수 있다.

낫토의 엄청난 효과!

성분	작용·효과
식물성 단백질	체내 세포의 재료
식이 섬유	당의 분해와 흡수를 완만하게 한다.
대두 사포닌	지방의 대사를 촉진한다.
대두 올리고당	장내 환경을 정돈한다.
대두 이소플라본	높은 항산화 작용을 한다.

낫토의 재료가 되는 대두에는 식물성 단백질이 풍부하다. 대두에는 당의 분해와 흡수를 완만하게 만드는 성분과 지방 대사를 촉진하는 성분도 있어 비만을 방지해 준다.

밤에 먹는 것이 좋다!

달걀과 함께 먹으면 더 좋다!

24 해조류와 버섯은 궁극의 식재료

식이 섬유가 혈당치의 급상승을 막는다

해조류에는 물에 녹기 쉬운 수용성 식이 섬유가 풍부하게 함유되어 있다. 그중에서도 '후코이단'은 당의 흡수를 완만하게 만들어 혈당치의 급상승을 막을 뿐 아니라 장내 여분의 콜레스테롤과 유해물질을 흡수하여 배출하는 작용을 한다.

그 밖에 해조류의 미끈거리는 점액 성분인 '알긴산'도 식후 혈당치의 급상승을 막는 작용을 한다. 해조류는 칼슘, 아연, 마그네슘 등 미네랄이 풍부해 신진대사를 촉진하고 혈압과 혈당을 조절해 준다.

또한 해조류는 한 번에 많이 먹는 것보다 식사 때마다 조금씩 섭취하는 것이 효과적이다. 물에 불려서 사용하는 미역이나 다시마, 녹미채, 큰실말(모즈쿠), 김, 파래 등 다양한 식재료를 활용해 보자.

버섯은 수용성 식이 섬유와 물에 잘 녹지 않는 불용성 식이 섬유를 모두 함유하고 있다. 후코이단(Fucoidan)과 마찬가지로 수용성 식이 섬유가 혈당치의 급상승을 막고 불용성 식이 섬유가 장내 환경을 만들어 배변 활동을 돕는다. 또한 당질의 대사를 촉진시키는 '나이아신' 같은 비타민 B군이 풍부할 뿐 아니라 혈당치를 내리고 면역력을 높이는 식이 섬유의 일종인 '베타글루칸'도 많이 들어 있다.

식이 섬유는 당의 흡수를 완만하게 해주므로 혈당 관리를 하는 사람이라면 버섯을 맨 먼저 먹거나 식사 중간에 먹는 것이 좋다.

미끈미끈한 '후코이단' 성분이 몸에 좋다!

후코이단

당의 흡수를 늦추거나 여분의 콜레스테롤을
배출하는 작용을 하는 수용성 식이 섬유이다.
항산화 작용과 면역력을 높이는 작용도 한다.

**당의 흡수를
억제한다!**

미역

톳   다시마

**혈당치 상승을
막는다.**

**콜레스테롤
수치를 내린다.**

**간 기능을
향상시킨다.**

63

해조류와 버섯은 궁극의 식재료

버섯이 당의 대사를 높인다!

나이아신

수용성 비타민인 비타민 B 복합체의 하나
이다. 당의 대사를 올릴 뿐 아니라 단백질
과 지질로부터 에너지를 생성하는 기능도
한다.

베타글루칸

식이 섬유의 일종으로 혈당치를 낮추는 작
용을 한다. 면역력을 높여 암을 예방하는
효과가 있는 것으로 알려져 있다.

버섯을 맨 먼저 먹거나 식사 중간에 먹으면 더욱 효과적이다!

표고버섯

팽이버섯

새송이버섯

**먹으면 내장 지방이
잘 늘어나지 않는다!**

25 자주 먹어야 좋은 야채와 적당히 먹어야 좋은 야채

감자류, 근채류는 당질이 높다

야채는 건강에 좋고 지방을 줄이는 데도 최적의 식재료라고 생각하는 사람이 많다. 하지만 채소 중에도 자주 먹는 것이 좋은 야채가 있는가 하면 적당히 먹는 것이 좋은 야채가 있다.

예를 들어 감자나 고구마, 토란, 마 같은 감자류는 당질이 많기 때문에 주의해야 한다. 식이 섬유는 풍부하지만 당질도 감자 1개(150그램)에 22그램, 고구마 1개(250그램)에는 65.7그램이나 함유되어 있다. 당면이나 전분도 감자나 고구마의 녹말로 만들므로 적당히 먹는 것이 좋은 식품이다.

근채류(根菜類, 뿌리 채소)도 당질의 양이 비교적 높다. 단호박 50그램에는 8.6그램, 당근 작은 것 1개(90그램)에는 5.6그램, 연근 1개(120그램)에는 13그램의 당질이 들어 있다. 달콤한 맛이 나는 토마토도 당질이 많기 때문에 과식은 금물이다.

다만 감자류와 근채류에 함유된 당질은 다당류라고 불리는 것으로 다른 당질에 비해 소화 흡수에 시간이 걸린다는 특성이 있다. 식이 섬유가 풍부하여 식후에 혈당이 급상승하지 않기 때문에 극단적으로 줄이지 않아도 된다.

반면 잎채소는 당질이 적고 비타민 C도 보충할 수 있는 우수한 식재료이다. 브로콜리, 시금치, 아스파라거스 등은 단백질 대사에 필수적인 엽산이 많이 함유되어 있어 고기, 생선, 달걀 등과 함께 먹으면 좋다.

당질이 많은 채소

야채는 영양가가 높고 비타민 등도 풍부하므로 건강을 위해 꼭 먹어야 하는 식재료이다.
하지만 감자류나 근채류에는 당질이 많이 함유된 것도 있으므로 너무 많이 먹지 않도록 주의해야 한다.

호박

감자

고구마

옥수수

연근

65

당질이 적은 채소

야채의 경우도 당질이 적은 것을 중심으로 선택을 하도록 하자. 당질을 줄이는 대신에 당질이 적은 야채를 섭취하면 내장 지방을 줄일 수가 있다. 채소를 맨 먼저 먹는 것도 당질 섭취를 줄이는 좋은 방법이다.

브로콜리

아스파라거스

양배추

피망

시금치

26 1큰술의 식초가 내장 지방도 체력 저하도 줄여 준다

매일 다양한 식초 맛을 즐기자

식초의 주성분인 아세트산에는 지방 합성을 억제하고 지방 연소를 촉진하는 작용이 있다. 거기다 식후 혈당치 상승을 억제하고 고혈압을 막을 뿐 아니라 피로회복을 돕는 효과도 있다.

대형 양조업체인 미즈칸 홀딩스(Mizkan Holdings)가 조사한 바에 따르면 비만한 사람이 매일 1스푼(약 15㎖)의 식초를 함유한 음료(500㎖)를 아침저녁으로 나누어 섭취했더니, 12주 후에는 내장 지방의 수치가 평균 약 5% 줄어든 것으로 나타났다. 동시에 동맥경화를 진행시키는 혈중 중성 지방도 평균 18.2%나 감소했다.

식초로 건강 효과를 얻으려면 매일 한 숟가락을 꾸준히 섭취하는 것이 좋다. 그대로 마시면 목이나 위 점막을 손상시킬 수 있으므로 5~10배 희석하여 마시는 것도 중요하다. 조금씩 여러 번 나눠 마셔도 좋다.

쌀 식초, 사과 식초, 흑초 등 식초에는 다양한 종류가 있지만 좋아하는 것이면 뭐든 상관없다. 칼슘이 풍부한 우유나 항산화 작용을 하는 토마토 주스 등에 섞으면 영양가가 높은 주스를 즐길 수 있다. 식초 1큰술에 음료는 120㎖가 기준이다. 낫토 등 평소 반찬에 조금 넣는 것도 효과적이고, 바지락이나 재첩 된장국에 넣으면 식초에 의해 칼슘 같은 미네랄이 녹아 흡수가 잘된다. 또한 양배추와 양파, 토마토 등 채소를 식초에 절여 밑반찬을 만들어 두면 편리하다.

식초가 지방 만드는 것을 막는다

식초 × 구연산 = **지방의 합성을 억제한다**

식초의 주성분인 아세트산은 지방 합성을 방지하는 효과와 함께 지방을 연소시키는 작용도 한다. 또한 식초에 함유되어 있는 구연산에는 강한 항산화 작용을 하여 나쁜 콜레스테롤 발생을 막아준다.

매일 섭취하면 효과가 나타난다

**매일 1큰술의 식초를
12주 동안 계속 먹으면….**

내장 지방	중성 지방
평균**5**% 감소	평균**19**% 감소

출처: 미즈칸 홀딩스(Mizkan Holdings)의 연구 《식초 섭취는 비만인 일본인 대상자의 체중, 체지방량과 혈청 글리세이드 수치를 감소시킨다(Vinegar intake reduces body weight, body fat mass, and serum triglyceride levels in obese Japanese subjects)》(Bioscience, Biotechnology, and Biochemistry73(8):1837–1843 2009)

살이 찐 남녀 175명이 1큰술 (15㎖)의 식초를 음료(500㎖)에 섞어 아침저녁 두 번에 나누어 섭취했더니 내장 지방과 중성 지방이 줄어드는 결과를 보였다.

> 사과식초나 흑초 등
> 좋아하는 식초면 뭐든 상관없다!
> 음료수나 된장국에 넣어 먹어도 좋고
> 야채를 식초에 절여 먹어도 좋다.
> 먹을 때는 반드시 5~10배로 희석해서
> 목구멍과 위 점막이 상하지 않도록 하자.

큰 스푼 ×**1**

1큰술의 식초가 내장 지방도 체력 지하도 줄여 준다

27 고함량 카카오 초콜릿이 내장 지방을 줄여준다

하루에 25그램을 5회로 나누어 먹는다

카카오 함량이 70% 이상인 '다크 초콜릿'은 내장 지방을 연소시키는 데 활용할 수 있는 식재료다.

다크 초콜릿에는 '카카오 단백질'이라는 소화 흡수가 느린 식물성 단백질이 풍부하게 함유되어 있다. 식이 섬유도 풍부하게 함유되어 있기 때문에 두 영양소의 작용에 의해서 당질 흡수 속도가 완만해진다. 식이 섬유는 혈당치 상승도 완만하게 만들기 때문에 내장 지방이 잘 붙지 않고 지방이 연소되기 쉽다.

또한 다크 초콜릿에 특히 풍부하게 함유되어 있는 항산화 물질인 '카카오 폴리페놀'도 매우 유익하다. 간 기능을 개선하는 작용을 하는데다 하루에 몇 번 조금씩 먹으면 지방을 연소시키는 것으로 알려져 있다.

폴리페놀은 체내에 쌓아둘 수 없으므로 1회 5g(작은 조각 1장)씩 5회로 나눠 먹는 것이 가장 좋다. 조금씩 먹으면 혈당치의 심한 변동도 막을 수 있다. 아침 점심 저녁 식사 전, 오전과 오후에 한 번씩 간식으로 총 25그램을 먹는 것이 좋다.

단것을 너무 참으면 스트레스가 쌓여 반동으로 폭식해서 지방을 쌓기 쉬운 데다 폭식은 당뇨병의 위험을 높일 수 있다. 은은한 단맛이 나는 초콜릿을 조금씩 먹으면 스트레스 완화에도 도움이 될 것이다.

폴리페놀 함유량이 탁월한 다크 초콜릿

카카오 함량이 70% 이상인 고(高)카카오 초콜릿에는 '카카오 폴리페놀'이 다량 함유
되어 있다. 카카오 폴리페놀은 지속적으로 섭취할 경우에 체지방을 감소시켜주는 효
능이 있어 다이어트 중 간식으로 적합하다. 또한 인슐린의 작용을 개선해 주고, 혈당
치의 심한 변동을 막아주는 역할도 한다.

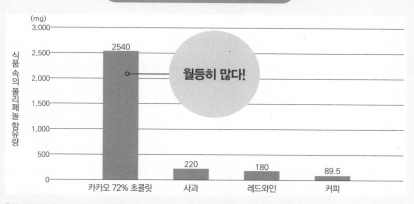

식품 100g당 폴리페놀 함유량

출처: 《영양 저널(Journal of Nutrition)》, 어거스틴 스칼버트(Scalbert A)와 게리 윌리암슨(Williamson G)
130 2073S–2085S 등을 참고하여 작성

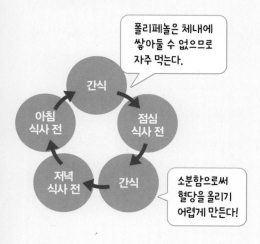

폴리페놀은 체내에
쌓아둘 수 없으므로
자주 먹는다.

간식

아침
식사 전

점심
식사 전

저녁
식사 전

간식

소분함으로써
혈당을 올리기
어렵게 만든다!

· 지방을 연소시킨다.

· 간 기능을 개선시킨다.

· 혈당치를 낮춘다.

· 콜레스테롤 수치를
  개선시킨다.

· 뇌를 활성화한다.

· 초조함을 억제시켜
  준다.

28 녹차를 마시기만 해도 살이 빠진다?!

식전·식후에 마셔 혈당치 상승을 막는다

녹차는 내장 지방을 줄이고 싶은 사람에게 딱 좋은 식품이다. 식사 때는 물론 술을 마실 때 입가심으로도 녹차를 마시면 좋다. 녹차의 떫은맛 성분인 카테킨은 폴리페놀의 일종으로 **식후 혈당치의 상승을 억제하고 중성 지방의 합성을 막아준다.**

녹차에는 베타카로틴, 비타민 C와 같은 항산화 비타민과 당질의 대사를 돕는 비타민 B군도 풍부하게 함유되어 있어 지방 연소를 촉진할 뿐 아니라 콜레스테롤 수치 이상이나 고혈압을 개선하고 활성산소를 줄이는 등의 효과도 기대할 수 있다.

포인트는 **혈당치 상승을 막기 위해 녹차를 식전에 마실 것.** 그런 다음 식후에 한 잔 더 마시면 떫은맛과 쓴맛이 포만감을 주기 때문에 과식을 막는 데도 도움이 된다. 녹찻잎은 푸드 프로세서 등으로 분말로 만들어 요리에 사용해도 좋다. 튀김옷에 섞거나 음식에 뿌리면 유효성분을 골고루 섭취할 수 있다. 페트병에 담긴 녹차도 물론 괜찮지만 찬 것을 너무 많이 마시면 장의 기능이 둔해지므로 주의해야 한다.

엽차도 녹차처럼 내장 지방의 근원이 되는 중성 지방을 줄이는 데 효과적이다. 엽차에 함유된 다당류(polysaccharide)가 당질을 효율적으로 처리하여 배출하는 데 도움이 되기 때문이다. 다만 다당류는 열에 약하기 때문에 냉수로 마셔야 한다.

녹차를 마시면 지방이 줄어든다!

식전에 마신다

녹차에 함유된 폴리페놀의 일종인 카테킨이 식후 혈당 상승을 억제하고 당질 흡수를 늦추는 작용을 한다.

찻잎째 섭취한다

푸드 프로세서로 녹차 분말을 만들어 요리에 섞는 등 찻잎째 섭취하면 건강 효과가 더욱 좋다.

녹차의 효능

당의 흡수를
억제한다.

지방을
연소시킨다.

혈당치의 상승을
억제한다.

적정 콜레스테롤
수치를
유지시킨다.

중성 지방 합성을
막는다.

**페트병에 담긴 차도
OK!**

가능하면 따뜻한 차를 선택해서 장의 움직임이 둔해지지 않도록 하자.

29 노화의 주범, AGE 조심

당질 과다가 노화를 부른다

피부 나이는 피부 속 '진피층'이라는 부분이 좌우한다. 진피층은 주로 콜라겐 섬유와 엘라스틴 섬유라고 하는 두 단백질로 이루어져 있는데, 혈당치가 오르면 당분이 콜라겐 섬유에 엉겨 붙는다. 그 현상을 '당화(糖化)'라고 하고, 당분이 단백질과 결합해서 생성된 물질을 'AGE(Advanced Glycation End products, 최종당화산물)'라고 한다. AGE가 늘어난 피부는 촉촉함이 없어 나이 들어 보인다.

이런 당화가 머리카락, 안구, 심장, 혈관 등 몸 여기저기에 진행되면서 몸이 노화해간다. 즉, 당질을 너무 많이 섭취하면 내장 지방이 증가할 뿐만 아니라 고혈당이 되어 몸을 노화시키는 AGE가 몸 이곳저곳으로 퍼진다.

AGE는 식품 그 자체로부터도 흡수되어 체내에 축적되는 것으로 알려져 있다. 고온으로 조리한 단백질 식품에 AGE가 많은데, 특히 베이컨, 북경오리, 감자튀김, 팬케이크 등에 많다. 같은 식재료라도 고온으로 조리할수록 AGE가 많아지므로 굽거나 튀기는 요리보다는 삶거나 찌는 요리가 좋다고 할 수 있다.

식품 속에 있는 AGE의 대부분은 체내에 흡수되지 않고 배설된다. 하지만 먹은 양의 약 0.6%는 체내에 쌓여 노화의 원인이 되므로 AGE가 많은 음식은 가능한 피하는 것이 좋다.

노화의 원인은 당질이었다!

체내의 단백질에 당질이 결합되면 노화 현상이 일어난다. 피부 단백질과 결합하면 탄력을 잃고 머리카락의 단백질과 결합하면 푸석푸석해지는 등 몸 안에서 노화가 진행된다.

**머리카락이
푸석푸석해지고**

심근경색

백내장

**알츠하이머병을
유발할 수도 있다.**

같은 식재료라도 조리 방법에 따라 AGE의 양이 달라진다

AGE는 식품 그 자체로부터도 흡수되는 것으로 알려져 있다. 식품에 함유된 AGE의 대부분은 그대로 배출되지만 약 0.6%는 체내에 남는다. 같은 식재료라도 고온으로 조리할수록 AGE가 많아지므로 주의할 필요가 있다.

AGE

적다.   많다.

30 사실 건강에 좋지 않다! 제한해야 할 음식

과일의 과당은 내장 지방을 축적하기 쉽다

과일은 건강에 좋다고 생각하는 경향이 있으나 내장 지방을 줄이고 싶다면 지나치게 많이 먹지 않도록 해야 한다.

우리가 먹고 있는 당질은 그 분자의 크기에 따라 3종류, 즉 단당류, 이당류, 다당류로 분류된다. 단당류에는 포도당, 과당(과일당) 등이 있고, 이당류에는 자당(설탕), 맥아당, 유당(젖당), 다당류에는 곡류나 감자류, 전분(녹말) 등이 대표적이다. 분해와 흡수 속도는 단당류가 가장 빠르고, 다당류가 가장 느리다.

그런데 중요한 것은 과일에 들어 있는 당질은 단당류인 과당으로 이당류인 설탕보다 흡수율이 더 빠르다는 사실이다. 과당은 소화 흡수 속도가 빠르기 때문에 식후 혈당을 급상승시켜 중성 지방을 늘린다. 과일이나 야채를 주서기에 갈아 만드는 스무디는 식이 섬유가 잘게 잘려 소화가 더 잘된다. 언뜻 보기에는 건강에 좋을 것 같은 이미지가 있지만 사실은 지방이 쌓이기 쉬운 음료인 것이다.

단, 제철 과일은 비타민과 무기질, 수분과 섬유질이 풍부하므로 건강 효과와 미용 효과가 탁월하지만 되도록 아침 식사할 때 먹도록 하자. 활동량이 많지 않아 당질이 소비되기 어려운 밤에는 과일을 먹지 않는 것이 좋다.

가벼운 식사를 하고 싶을 때, 간편하게 먹을 수 있는 샌드위치나 메밀국수를 선택하는 사람이 많다. 하지만 모두 당질이 많은 메뉴라 건강에 좋다고 할 수는 없다.

'가벼운 식사'가 오히려 살찌는 원인?

건강에 좋다고 생각하고 '가벼운 식사'를 고르다 보면 의외로 당질이 많은 식사를 할 수 있다. 음식을 고를 때는 당질을 줄이는 식생활에 유의하자.

'가벼운 식사'에 함유된 당질의 기준량

주먹밥(1개)
30~50g 전후

샌드위치(1팩)
20~70g 전후

메밀국수(1인분)
45~60g 전후

야채주스(1컵)
20~30g 전후

벌꿀(1큰술)
15~20g 전후

과일에 함유된 당질의 기준량

과일은 건강에 좋을 뿐 아니라 아무리 먹어도 살이 찌지 않는다고 생각하기 쉽다. 하지만 과일에 들어 있는 과당은 가장 단순한 구조인 '단당류'라서 쉽게 흡수되어 혈당을 올린다.

과일명	기준량	당질(g)
사과	250g(1개)	35.3
바나나	100g(1개)	21.4
복숭아	170g(1개)	15.1
자몽	210g(1개)	18.9
오렌지	130g(1개)	14.0
키위	85g(1개)	9.4

이렇게 먹으면 놀라울 정도로 뱃살이 쏙 들어간다

양치를 하면 살이 빠진다?

　입 안의 세균 일부가 침이나 음식을 통해 장내로 들어가면 노폐물이 쌓여 변비가 되기 쉽다. 그 상태가 더욱 악화되면 장내 노폐물에서 나온 유해물질이 혈액을 타고 전신으로 퍼져나가 신진대사를 떨어뜨릴 뿐 아니라 지방의 연소를 방해한다.

양치의 3가지 포인트

❶ 양치는 아침 기상 후와 취침 전에 한다

잠자는 사이에 늘어난 세균을 삼켜 버리지 않도록 아침 식사 전에 닦고, 잠자기 전에 닦아서 입안을 깨끗하게 해둔다. 될 수 있으면 매 식사 후에 닦고 이틀에 한 번은 꼼꼼하게 닦는다.

❷ 한 달에 한 번 칫솔을 교체한다

칫솔모 끝이 벌어지기 시작하면 바꿀 타이밍이다. 칫솔의 수명은 약 1개월이다. 그보다 전에 벌어진 경우에는 닦을 때 힘을 너무 많이 주었을 가능성이 있다.

❸ 치간칫솔이나 치실을 쓴다

칫솔만 가지고는 치아의 찌든 때를 제거하기 어렵다. 칫솔만 쓰면 플라크(치태)의 제거율은 약 61%. 치간칫솔과 함께 쓰면 플라크 제거율은 약 85%까지 올라간다.

제 4 장

외식과 술자리를
슬기롭게 이겨 낸다

31 외식을 해도 살찌지 않는 메뉴를 선택하라

빨리 먹기 쉬운 면류는 피한다

외식을 하는 경우는 당질이 가급적 적은 메뉴를 선택하는 것이 좋다. 가장 피해야 할 메뉴는 면류이다.

메밀국수나 우동, 라면, 스파게티 등은 모두 당질이 높다. 라면과 볶음밥, 메밀국수와 유부초밥 같은 세트는 당질과 당질의 더블 펀치로 그 한 끼에 1일 섭취 권장량의 대부분을 먹게 된다.

게다가 면류는 대체로 빨리 먹게 된다. 52페이지에서 언급했듯이 내장지방을 줄이기 위해서는 한입에 30번 씹고, 점심이라면 25분 정도의 시간을 들여 먹는 것이 좋다. 하지만 면류를 그렇게 시간을 들여 먹으면 면이 다 불어 버릴 것이다.

시간이 없을 때 서서 먹는 메밀국수는 편리하지만 급하게 훌훌 넘기는 것도 좋지 않다. 짧은 시간에 급하게 먹으면 만족감을 느끼지 못해 과식하게 되는 데다 단번에 혈당이 올라가기 때문에 지방이 쌓이기 쉽다.

면류를 먹고 싶다면 시원한 메밀국수에 모듬튀김이 곁들어 나오는 텐자루소바를 주문해 단백질이 함유된 튀김부터 먹고, 당질이 높은 메밀국수는 나중에 먹자. 전분을 넣어 걸쭉하게 만든 소스를 면에 끼얹어 먹는 우동(안카케 야키소바) 등은 소스에 전분이 사용되기 때문에 한층 더 당질이 높다. 훈탕면(완탄멘)도 밀가루로 만들기 때문에 역시 당질이 높다.

외식을 많이 하는 경우도 조금만 신경 쓰면 당질을 줄일 수 있다. 한 끼 식사를 즐기면서 건강까지 챙기는 외식을 하자.

밥은 적게

밥은 평소보다 한 숟가락 덜 먹기만 하면 된다. 밥은 조금만 달라고 주문하면 이에 응해 주는 음식점도 많다. 밥을 줄인 만큼 반찬을 더 많이 먹도록 하자.

면류는 주 1회로

면류는 당질이 많고 빨리 먹기 쉬우므로 가능하면 피해야 한다. 하지만 너무 참는 것도 좋지 않으므로 일주일에 한 번만 먹는 등 횟수를 줄이도록 하자.

가급적 정식, 덮밥이면 샐러드를 추가

빨리 먹을 가능성이 높고 밥을 많이 먹기 쉬운 덮밥보다는 정식을 추천한다. 덮밥을 먹을 경우에는 샐러드를 추가해 보자.

32 이걸 고르면 괜찮다!
소고기덮밥·고깃집 편

당질의 양과 먹는 순서를 의식한다

소고기덮밥(규동)은 밥에 당질의 양이 많으므로 혈당치의 상승을 가능한 한 늦추면서 먹도록 하자.

먼저 곱빼기 등으로 밥의 양을 늘려서는 안 된다. 보통 양으로는 아무래도 만족할 수 없는 사람은 건더기만 늘려 달라고 하자. 국물(츠유)도 당질이 많으므로 늘리는 것은 피하는 것이 좋다. 여기에 샐러드나 된장국 같은 사이드 메뉴도 주문한다. 당질은 단백질과 함께 먹으면 완만하게 흡수되므로 날달걀을 얹어 먹는 것도 좋다. 에너지 연소를 촉진하는 작용을 하는 홍생강도 충분히 먹자.

먹는 순서는 차를 마신 다음 샐러드와 된장국을 천천히 먹은 후 마지막에 덮밥이다. 덮밥을 먹을 때도 양파나 소고기 같은 재료부터 먹고 밥은 마지막에 먹는 것이 좋다. 식사 시작 2분 후에 밥을 먹되 양은 15% 정도 줄이자.

구운 고기를 먹을 때는 기름기가 적은 부위를 골라 야채와 함께 먹는다. 고기 자체는 당질이 적어 건강에도 좋으나 지방은 동맥경화를 부르는 포화지방산이 많으므로 고기 기름이 떨어지는 석쇠구이를 선택하는 것도 좋은 방법이다. 이때도 야채류나 수프류를 먼저 먹고 고기는 나중에 먹는다. 고기는 당질이 높은 단맛 나는 구운 고기 소스보다는 소금장이나 레몬즙과 먹도록 하자.

소고기덮밥을 먹을 때 지켜야 할 것

· 밥은 적당히 먹자

밥을 너무 많이 먹지 말 것. 천천히 씹어먹으면 보통 양으로도 포만감을 얻을 수 있다.

· 사이드 메뉴를 주문한다

우선 차를 마시고 샐러드나 된장국 등을 먹으면 당질 흡수를 억제할 수 있다.

· 밥은 2분 후에

갑자기 밥부터 먹지는 말자. 차나 사이드 메뉴를 먹고 나서 2분 후에 밥을 먹는 것이 좋다.

· 날달걀을 끼얹어 먹는다

당질은 단백질과 함께 먹어야 흡수가 잘 안 된다. 다만 빨리 먹지 않도록 해야 한다.

구운 고기를 먹을 때 지켜야 할 것

· 석쇠구이로 한다

고기는 당질이 적어 의외로 건강에 좋은 음식이다. 석쇠구이라면 굽는 동안 여분의 기름이 빠지므로 좋다.

· 김치나 나물부터 먹는다

고기를 먹기 전에 김치나 나물 등 야채류를 먹으면 당질의 흡수를 억제할 수 있다.

· 상추에 싸서 먹는다.

항산화 작용을 하는 녹황색 채소를 함께 먹으면 LDL 콜레스테롤의 산화를 막을 수 있다.

· 레몬즙이나 소금장으로 먹는다

구운 고기를 먹을 때는 되도록 레몬즙이나 소금장을 선택해서 혈당치 상승을 억제하자.

33 이걸 고르면 괜찮다!
이탈리안·중화 요리 편

파스타나 피자, 딤섬은 적당히

이탈리안 레스토랑에서 식사할 때는 코스 요리를 피하고 일품 요리를 주문하는 것이 좋다. 파스타나 피자 등 당질이 높은 메뉴는 자제하는 등 스스로 조절할 수 있는 것이 이상적이다.

입맛을 돋우는 에피타이저(전채 요리)는 샐러드나 마리네(고기, 생선, 야채, 등을 식초나 레몬즙으로 살짝 절인 요리)를 선택하자. 야채에 함유된 식이 섬유가 당질의 흡수를 완만하게 하고, 마리네의 식초는 중성 지방을 분해해 에너지로 바꾸는 역할을 한다. 주 요리(메인 요리)를 먹기 전에는 미네스트로네(야채와 페이스트 소스를 넣어 만든 이탈리아식 야채 수프) 등 야채가 듬뿍 들어간 스프를 먹으면 포만감을 느낄 수 있다. 당질이 높은 빵은 1개 정도만 먹고 피자를 먹을 때는 얇은 것은 선택하자. 고추는 에너지의 연소를 촉진하므로 파스타는 페페론치노를 추천한다.

중국 음식에서는 채소가 풍부한 메뉴를 적극적으로 선택하자. 전채 요리로는 야채볶음이 최고. 공심채나 청경채 등은 혈당치의 급상승을 억제한다. 당질을 함유하지 않는 피단(오리알을 석회·소금·진흙 등에 담근 것)도 좋다. 메인 요리를 선택할 때 된장이나 간장, 소스 등으로 맛을 낸 메뉴는 당질이 높으므로 피한다. 걸쭉한 음식도 당질이 높은 전분이 사용되므로 좋지 않다. 딤섬도 껍질에 당질이 많으므로 삼가는 것이 좋다. 반면 마파두부와 매콤한 볶음처럼 고추나 생강을 이용한 음식은 혈액순환을 촉진시켜 지방의 연소를 촉진한다.

이탈리안 음식을 먹을 때 지켜야 할 것

·메인 요리 전에 수프를 마신다

야채가 듬뿍 든 국물이라면 포만감을 얻을 수 있고, 메인 요리의 당질 흡수도 억제할 수 있어 일석이조다.

·빵은 하나만

빵을 너무 많이 먹지 않도록 주의하자. 버터보다는 올리브유를 발라 먹는 것이 좋다.

·레드와인을 고른다

레드와인에는 지방이 쌓이는 것을 막아주는 레스베라트롤(폴리페놀의 일종)이 많이 함유되어 있다.

·식후 음료는 설탕 없이

설탕을 넣으면 혈당치가 올라가므로 우유나 레몬 등을 넣어 마신다.

중국 음식을 먹을 때 지켜야 할 것

·디저트는 가급적 자제한다

참깨 경단이나 행인두부 등 중화 요리 디저트에는 당질이 많이 함유되어 있으므로 가능한 한 적게 먹자.

·볶음밥이나 면류는 선택하지 않는다

볶음밥이나 국수, 메밀국수, 만두도 당질이 많으므로 과식하지 않도록 주의할 필요가 있다.

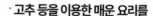

·식초를 뿌려 먹는다

식초는 중성 지방을 분해하거나 당질의 흡수를 늦추는 작용을 하므로 적극적으로 사용하자.

·고추 등을 이용한 매운 요리를

마파두부, 매콤볶음 등 고추나 생강을 사용한 요리는 혈액순환을 촉진하고 지방을 연소시켜 준다.

34 내장 지방을 줄이는 편의점 활용법

야채 + 부식물을 기본으로 고른다

다양한 종류의 메뉴를 즐길 수 있는 편의점에서도 잘 고르면 건강한 식사를 할 수 있다.

선택의 포인트는 일단 샐러드 등을 골라 야채를 충분히 섭취하는 것이다. 샐러드를 먹는다면 삶은 달걀이나 참치, 찐 콩이나 치즈 등 단백질이 들어간 것을 선택하자. 삶은 달걀이나 두부 등을 샐러드와 별도로 구입하여 토핑하는 것도 좋고, 야채가 듬뿍 들어간 된장국도 좋다.

단백질을 섭취할 수 있는 부식물도 권할 만하다. 소금과 향신료로 맛을 낸 찜닭(샐러드 치킨 등)은 당질이 매우 낮아 우수하다. 어묵이나 고기볶음 같은 것을 기분에 맞게 고르면 질리지도 않는다.

반대로 주먹밥이나 빵, 중화빵, 면류 등 당질이 많은 것은 되도록 피하는 것이 좋다. 특히 멜론빵처럼 달콤한 빵은 빵과 단 음식이 중복되므로 당질을 과다 섭취하게 된다. 샌드위치도 건강 식품인 듯하지만 감자 샐러드 샌드위치의 경우는 감자와 빵, 과일로 구성되어 당질의 함량이 높아지므로 주의해야 한다. 샌드위치라면 양상추, 달걀, 햄 같은 식이 섬유와 단백질이 풍부한 재료를 선택하자. 호밀빵이나 통밀빵 같은 갈색 빵을 선택하면 식이 섬유가 풍부해서 더욱 좋다.

편의점에서 사지 말아야 할 것

편의점은 편리하다는 이유로 이용하는 사람이 많겠지만 주먹밥이나 과자빵, 중화만두 등에는 당질이 많다. 또한 건강한 인상을 주는 샌드위치도 감자샐러드나 과일이 들어 있는 것은 당질이 중복되므로 주의할 필요가 있다.

주먹밥

과자빵

중화만두

85

편의점에서 살 수 있는 당질이 적은 식품

편의점에도 당질을 억제할 수 있는 식품이 얼마든지 있다. 닭꼬치를 비롯한 핫스낵은 단백질을 많이 섭취할 수 있어 편리하다. 겨울에 등장하는 어묵은 당질이 적고 배도 마음도 모두 충족할 수 있다.

샐러드 치킨

치즈

닭꼬치

어묵

인스턴트 된장국

35 술 + 당질은 내장 지방 증가로 직결돼

당질이 낮은 안주를 잘 씹어 먹는다

'술을 마시면 살이 찐다'고 생각하는 사람이 있지만 살이 찌는 원인은 술만이 아니다. 술을 매일 마시는 사람의 경우 배 주위에 지방이 붙었다면 그것은 당질이 많은 안주가 원인일 가능성이 많다.

술을 마시면 평상시는 먹지 않는 당질이 높은 안주나 라면, 디저트 등에 손이 가기 쉽다. 알코올은 식욕을 돋우는 작용을 하므로 자제하기 어려운 경우도 많다. 이런 식으로 안주를 먹는다면 내장 지방은 증가해 갈 뿐이다. 지금까지 설명했듯이 당질을 너무 많이 섭취하면 혈당치가 급상승하고 인슐린이 분비되어 여분의 당질이 지방으로 바뀌게 된다.

지방이 쌓이지 않는 안주를 선택하는 방법이나 먹는 방법은 94페이지에서 자세히 설명하겠지만 안주는 당질이 낮은 것을 선택하는 것이 대원칙이다. 먹는 순서도 신경 쓰면서 천천히 섭취하도록 하자. 중요한 것은 '먹을 때'와 '마실 때'를 구분해야 한다는 것. 술을 마신 후에는 잔을 내려놓고 안주를 먹는다. 안주를 천천히 씹어 삼켰다면 젓가락을 내려놓고 이번에는 술을 마신다. 이렇게 하면 과식이나 과음을 피할 수 있다.

참고로 술의 종류에 따라서도 당질의 양이 다르다(92페이지 참조). 설탕이나 과즙이 들어간 술은 당질이 높아 그것만으로 살이 찌는 원인이 된다.

살찌는 원인은 알코올보다 안주였다!

25세 이상 남녀의 습관적인 알코올 섭취량과 비만도(BMI)의 관계를 알아본 조사에서는 하루에 맥주 한 병까지라면 살이 찌지 않는 것으로 나타났다. 술에 함유된 알코올이나 당질이 비만의 원인은 아니라는 것을 알 수 있다.

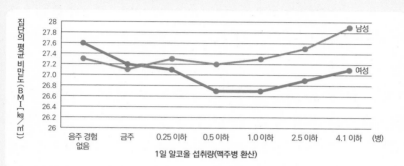

출처: MM 베르그만(Bergmann) 외, 《대규모 유럽 코호트에서 평생 알코올 사용과 복부 및 일반 비만 측정의 연관성(The association of lifetime alcohol use with measures of abdominal and general adiposity in a large-scale European cohort)》, Eur J Clin Nutr. 2011 Oct;65:1079-1087.

※ 맥주 섭취량은 1일 섭취량을 맥주병(담색 맥주: 633ml, 알코올 함유량은 3.7g/100g, 밀도는 1.008g/ml)의 개수로 나타냈다.
※ 서유럽 6개국이 공동 연구. 대상자의 연령은 25~70세. 남성 9만 9,381명, 여성 15만 8,796명.
※ 연령, 교육 연수, 신체 활동, 흡연 습관, 술 이외의 음식에서 유래하는 에너지 섭취량, 기타 결과에 미칠 수 있는 영향을 통계적으로 조정했다.

술이 살찌기 쉬운 원인으로 작용하는 이유

알코올만이 직접적으로 살이 찌는 이유는 아니지만 술을 마시면 식욕이 증가하거나 술과 안주(당질)를 섭취하기 때문에 간의 기능이 따라가지 못하는 등 살이 찌기 쉬운 상태가 된다.

술을 마시면
식욕이 증가한다.
=
과식으로
이어진다.

술과 안주(당질)
때문에 간이 피로하다.
=
지방이
축적된다.

안주(당질)를 술로
흘려 넣는다.
=
빨리
먹게 된다.

36 술을 마시면서도 내장 지방을 줄이는 꿀팁

적당량이면 매일 마셔도 건강에 해롭지 않다

"술을 매일 마신다."고 하면 건강에 나쁠까 봐 염려하는 사람이 많을 것이다. 하지만 건강에 해로운 것은 과음이다. '술은 백약의 장(술은 알맞게 마시면 어떤 약보다도 몸에 좋은 것임을 비유적으로 이르는 말.)'이라는 말이 있듯이 적당량을 매일 마시면 오히려 간이 건강해지고 내장 지방이 줄어든다.

술이 체내에 들어가면 간이 알코올을 분해한다. 이때 체내에 축적된 당을 에너지로 소비하는데 간에 쌓인 당도 소비하기 때문에 간 자체도 건강해진다. 술을 전혀 마시지 않는 사람보다 적당량을 마시는 사람의 사망률이 낮다는 연구 결과도 있다.

음주량을 관리할 때 순 알코올량이 기준이 된다. 순 알코올량(그램)은 '알코올 도수(%) ÷ 100 × 술의 양(밀리리터) × 0.8'로 산출할 수 있다. 예를 들어 알코올 도수가 5%인 캔맥주 350밀리리터의 경우 앞의 식(5 ÷ 100 × 350 × 0.8)으로 계산하면 14그램의 순 알코올량이 나온다.

1일 섭취 적당량은 순 알코올량 40그램. 맥주는 중간 병 2병(중간 맥주잔 2잔), 츄하이 350mL 캔 2개, 위스키 더블 2잔, 일본술 사케 2홉, 와인잔 3잔이다. 이 적당량을 지키는 것이 술을 마시면서 내장 지방을 줄이는 가장 큰 포인트이다.

적당량의 술이라면 건강에 해롭지 않다

건강한 사람의 '습관적 음주량'과 이후 10여 년에 걸쳐 사망 현황을 조사했다. '전혀 술을 마시지 않는 사람'과 '적당량의 술을 마시는 사람'의 총 사망률을 비교한 결과, 적당량의 술을 마시는 사람이 오히려 낮은 사망률을 보이는 것으로 나타났다.

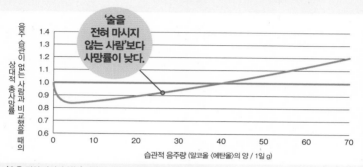

※ '술을 전혀 마시지 않는' 사람의 상대적 사망률을 1.0으로 한다.
※ 사망률 = 병, 사고, 사건을 포함한 모든 원인에 의한 것이다.
출처: 미국 보건과학협의회 리포트(1993년 6월).

몸에 좋은 순 알코올량은 1일 7~40g
절도 있는 음주라면 1일 20g까지

순 알코올량 계산식

술술 마시면서도 내장 지방을 줄이는 꿀팁

37 음주 전에 먹어 두어야 할 음식

간을 보호하는 식재료를 골라라

위나 장에 아무것도 들어 있지 않은 빈속에 술을 마시면 체내에 알코올이 급격히 흡수되어 혈중 알코올 농도가 급상승한다. 간에서 알코올을 다 분해하지 못하면 숙취의 원인이 될 뿐 아니라 위가 나빠질 수도 있다. 이를 피하려면 술을 마시기 전에 단백질이나 식이 섬유, 유지류가 많이 함유된 것을 먹는 것이 좋다. 소화가 느려 위나 장에 오래 머무는 음식을 먹은 후에 술을 마시는 것이다.

단백질 중에는 알코올의 분해를 도와주는 물질이 함유된 유제품, 요구르트 음료나 우유, 치즈 등이 좋다. 편의점에서 팔고 있는 튀김(가라아게, 닭고기나 생선 등의 재료에 밀가루나 전분을 묻혀 기름에 튀겨낸 일본 음식)과 닭꼬치도 단백질과 기름의 조합이기 때문에 우수하다.

식이 섬유로는 채소, 해조류, 버섯류를 들 수 있다. 양배추에 함유된 비타민 U가 알코올 분해 효소에 관여한다는 연구 결과도 있으므로 술을 마시기 전에 양배추를 먹으면 좋다. 다크 초콜릿(카카오 함량 70% 이상)에는 식이 섬유가 풍부하고 간 기능을 향상시키는 등 건강 효과가 매우 높으므로 한 조각 먹는 것도 좋다.

그밖에 유지류도 위벽을 보호하는 데 도움을 주는 식품 중 하나다. 올리브유에 함유된 올레산은 소장에서 잘 흡수되지 않고 소장에서 알코올 흡수를 서서히 하게 만드는 효과를 기대할 수 있다. 술을 마시기 전에 올리브유 한 스푼을 마시는 것도 방법이다.

술을 마시기 전에 먹어 두어야 할 3가지 추천 식재료

술을 마실 때 가장 주의해야 할 것은 공복에 마시는 것. 마시기 전에 반드시 뭔가를 먹자. 그 중에서도 위에 오래 머무는 식재료의 경우 알코올의 부담을 좀 더 줄일 수 있다.

유제품

치즈 **우유** **요구르트**

편의점 등에서도 손쉽게 구할 수 있는 유제품에는 알코올의 분해를 돕는 물질이 함유되어 있다. 유제품은 소화 속도가 느리므로 오랜 시간 위나 장에 머물러 알코올의 흡수를 지연시키기도 한다.

식이 섬유

양배추 **토마토** **표고버섯**

식이 섬유는 야채나 버섯, 해조류 등에 많이 함유되어 있다. 양배추에는 알코올의 분해를 활성화하는 비타민 U가 많고, 토마토에는 혈중 알코올 농도를 낮추는 작용이 있다.

유지류(지질)

튀김 **버터** **올리브유**

유지류 자체는 간에 악영향을 미칠 염려가 없다. 알코올의 흡수를 늦추는 작용을 할뿐 아니라 위벽을 보호하는 역할을 한다. 튀김이나 닭꼬치라면 단백질도 섭취할 수 있다.

38 건강에 좋은 술과 나쁜 술

내장 지방을 줄이고 싶다면 과즙이 들어 있는 술은 금물

체내에 섭취된 알코올을 간에서 분해할 때 내장 등에 축적된 당질을 에너지원으로 사용한다. 그러므로 당질이 적은 술을 골라 적당량을 마시면 내장 지방은 늘지 않는다.

술 중에서도 소주나 위스키, 브랜디, 보드카 같은 증류주는 당질이 적은 편이다. 당질이 제로여서 내장 지방이 걱정되는 사람도 부담 없이 마실 수 있다. 다만 소주에 과즙이나 달콤한 시럽을 섞은 츄하이 계열은 좋지 않다. 과당은 당질류 중에서도 흡수 속도가 빠르기 때문에 혈당치의 급상승을 초래한다. 인슐린의 분비량이 많아지면 결과적으로 중성 지방이 늘어나게 된다. 당질을 지나치게 섭취하지 않기 위해서는 물이나 차를 섞어 마시도록 하자.

폴리페놀이 풍부하게 함유되어 있는 레드와인은 활성산소를 제거하는 데 많은 도움을 준다. 당질 함유량도 레드와인의 경우는 100밀리리터 당 1.5그램으로 비교적 적다. 참고로 화이트와인의 당질 양은 2그램이다.

100밀리리터 당 당질의 양은 정종과 본양조주가 4.5그램, 순쌀로만 빚은 청주가 3.6그램으로 비교적 높다. 맥주는 연한 색이 3.1그램, 스타우트가 4.6그램이다. 내장 지방을 줄이고 싶다면 당질 제로 맥주를 선택해야 할 것이다.

증류주가 뭐지?

술은 제조법에 따라서 양조주, 증류주, 혼성주 등 3가지로 나눌 수 있다.
양조주는 곡물이나 과실을 효모로 발효시켜 만든 술이다. 양조주는 다른 말로 발효주
라고도하는데, 1차 발효된 양조주를 가열하여 에탄올을 증발시킨 후 냉각시켜 알코올
도수를 높인 술이 증류주이다. 혼성주는 양조주나 증류주에 과일이나 식물의 꽃, 잎,
뿌리 등을 담그거나 당분 등을 가하여 만든 술이다.

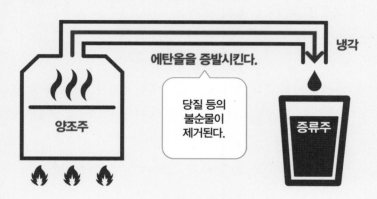

에탄올을 증발시킨다.

냉각

당질 등의
불순물이
제거된다.

양조주

증류주

추천할 만한 술은 증류주에 소다를 섞은 것

증류주의 종류에는 위스키, 보드카, 진, 소주 등이 있는데 당질이 없어 내장 지방을 줄
이고 싶을 때 마시기에 좋다. 술에 물을 섞는 등 마시는 방법은 다양하지만 안주를 적
당히 먹으면서도 포만감을 느끼고 싶다면 탄산을 섞어 마시기를 권한다.

증류주라면
당질 제로!

탄산 섞은 술이라면
포만감도!

39 먹어도 살이 찌지 않는 안주 고르는 법

견과류는 술의 좋은 파트너

내장 지방을 줄이고 싶다면 술안주는 당질이 낮은 것을 선택하는 것이 좋다. 튀긴 음식은 칼로리가 높긴 해도 당질이 낮아 내장 지방이 쌓이지 않는다. 예를 들어 치킨은 튀김옷에 밀가루나 전분을 사용하기 때문에 당질이 들어 있다. 하지만 닭고기에는 당질이 거의 없고 양질의 단백질을 함유하고 있어 우수한 안주라 할 수 있다.

그 외에 견과류는 식이 섬유나 단백질, 비타민 E, 철분, 오메가3 등 몸에 좋은 기름이 풍부하게 들어 있어 안주로는 제격이다. 딱딱한 견과류를 잘 씹어 먹으면 포만감도 얻을 수 있다.

완두콩이나 절임, 김치, 해초 초무침 등 식이 섬유가 풍부한 메뉴도 추천한다. 54페이지에서 언급한 '먹는 순서'를 의식하는 것도 중요하므로 우선 이러한 음식부터 먹도록 하자.

식이 섬유가 풍부한 안주를 먹은 후에는 생선회나 두부 등 단백질이 풍부한 요리를 먹는다. 생선에는 중성 지방을 줄이는 EPA나 DHA가 풍부하게 들어 있으나 열에 약하다는 특징이 있다. 생선을 회로 먹으면 EPA나 DHA를 모조리 섭취할 수 있어 좋다.

다이어트 중이라며 안주 없이 술만 마시면 간에 주는 부담도 크다. 당질이 낮은 안주를 순서대로 잘 씹어 먹도록 하자.

안주는 이런 것을 골라야 한다!

안주로는 식이 섬유와 단백질이 풍부한 메뉴와 견과류가 적합하다. 튀긴 것은 좋지 않다고 생각하는 사람도 많으나 당질이 많은 감자샐러드나 감자튀김 등에 비하면 단백질을 섭취할 수 있는 치킨 쪽이 살이 덜 찌는 안주이다.

낫토

단백질이나 식이 섬유가 풍부하다. 간의 작용을 돕는 오르니틴과 콜레스테롤 수치를 높여주는 메티오닌이 함유되어 있다.

견과류

식이 섬유와 단백질뿐만 아니라 비타민 E와 철분, 오메가 3 등 몸에 좋은 기름이 함유되어 있다. 간식으로도 추천한다.

냉두부

식물성 단백질이 간의 기능을 높여준다. 니아신 같은 비타민 B군도 알코올 분해를 촉진시켜 준다.

생선회

생선에는 EPA나 DHA 등 중성 지방을 줄이는 기름이 많이 함유되어 있다. 고등어 등 등 푸른 생선을 적극적으로 먹도록 하자.

초무침

수용성 식이 섬유가 풍부한 해초와 중성 지방을 줄이는 식초를 섭취할 수 있어 좋다. 여분의 노폐물이나 콜레스테롤을 배출하는 효과도.

김치나 절임

발효 식품은 장의 상태를 개선해 준다. 중성 지방이나 콜레스테롤 수치를 조절하기 위해서는 맨 처음에 먹는 것이 좋다.

40 마무리 라면이 생명을 위협한다!

라면은 고당질·고염분의 대표 주자

"술을 마신 뒤 마지막으로 라면을 먹어야 마무리가 된다."는 사람이 많다. 이른바 '마무리 라면'을 먹으면 당질 과다가 되므로 좋지 않다. 같은 이유로 오차즈케(녹차 국물에 밥을 말아 김이나 우메보시 등의 고명을 올려 먹는 일본식 국밥)를 좋아하는 사람도 있지만 물론 그것도 좋지 않다.

라면의 면은 당질 덩어리다. 밤늦게 먹으면 에너지를 소비하지 않은 채 잠을 자므로 그대로 축적된다. 더구나 염분도 높기 때문에 라면을 먹으면 혈압도 상승한다. 휴식을 취해야 할 시간인 데도 간도 혈관도 쉴 수가 없는 것이다.

술 마신 후 라면이 먹고 싶어지는 것은 간이 알코올을 분해하는 과정에서 체내의 수분과 염분이 많이 손실되기 때문이다. 이를 감지한 뇌가 수분과 염분 부족을 메우려고 하기 때문에 라면이 당기는 것이다.

나는 술 마신 후에 된장국을 먹기를 권하고 싶다. 특히 재첩이나 바지락 된장국은 조개류에 함유된 타우린이 지친 간을 달래 준다. 숙취 예방에는 대파나 콩나물 등 모든 재료가 좋다.

그 밖에 떫은맛 성분 카테킨이나 비타민 B군이 함유된 녹차도 추천한다. 폴리페놀의 일종인 카테킨은 혈당 상승을 억제하여 당 흡수를 늦추고 중성 지방의 합성을 막아준다. 비타민 B군은 당질의 대사를 좋게 하는 작용을 한다.

왜 술 마신 후에는 라면이 먹고 싶지?

몸속에서 알코올을 분해하는 과정에서 수분과 염분이 손실된다. 손실된 수분과 염분을 보충하려고 하기 때문에 라면처럼 염분을 함유한 음식이 먹고 싶어지는 것이다.

섭취한 알코올을 몸 안에서 분해하려고 한다.

알코올과 같은 양의 수분과 염분이 손실된다.

몸이 손실된 수분과 염분을 보충하고 싶어 한다!

내장 지방을 늘리는 라면의 3대 악

라면에는 당질과 염분이 많다. 게다가 빨리 먹게 되는 음식인데, 술과 함께 먹으면 내장 지방을 늘리는 조건이 다 갖춰지게 된다. 술 마신 후에는 라면보다는 된장국이나 녹차 등을 마시도록 하자.

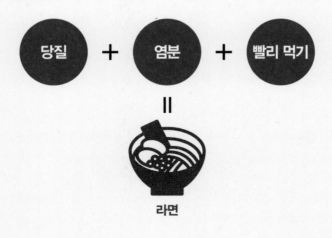

당질 + 염분 + 빨리 먹기

=

라면

41 몸에 부담이 너무 크다! 알코올 도수가 높은 츄하이

지방을 저장하기 쉽고 간에도 손상을 주기 쉽다

스트롱계 캔 츄하이(희석식 소주에 탄산수와 과즙을 섞은 술)는 높은 알코올 도수와 주스 같은 단맛이 특징인 술이다. 일반적으로 알코올 도수가 7% 이상인 술을 스트롱계라고 한다. 알코올 도수가 높아 빨리 취한다는 이유로 즐겨 마시는 사람이 많겠지만 스트롱계 캔 츄하이는 두 가지 이유에서 '위험한 음료'라고 할 수 있다.

첫 번째 이유는 캔 츄하이에는 레몬이나 자몽 등 다양한 과즙(과당)이 첨가되어 있다는 것. 게다가 고과당 감미료인 콘시럽(옥수수 시럽)까지 들어 있다. 과즙이나 콘시럽은 단당류로 분류되는 당질로 체내 분해와 흡수를 빠르게 진행하기 때문에 혈당치의 급상승을 초래하여 지방이 쌓이게 만든다.

두 번째 이유는 알코올 도수가 높다는 것이다. 88페이지에서 설명한 순 알코올량 산출법으로 계산하면 도수 9%인 스트롱계열 캔 츄하이를 500mL 마시면 36그램의 순 알코올을 섭취하게 된다. 1일 순 알코올량의 적당량은 40그램이므로 1캔만으로 마셔도 1일 적당량을 초과하게 된다. 또 위스키의 온더록으로 환산하면 30밀리리터를 3.5잔분 마신 셈이므로 간에 상당한 부담을 주게 된다. 참고로 12% 캔 츄하이의 경우는 500밀리리터 한 캔에 순 알코올량이 48그램이나 된다.

알코올 도수가 높은 캔 츄하이가 위험한 이유

① 위스키 온더록 수준의 순 알코올량

스트롱계 캔 츄하이 (9% 500㎖) = **위스키 온더락** × **약 3.5잔**

알코올 도수 9%의 스트롱계 캔 츄하이 500㎖의 순 알코올량은 약 36g. 위스키 온더락(On the Rocks)으로 환산하면 30㎖에 3.5잔 분량의 알코올이 함유되어 있는 셈이다.

② 달콤한 과당이 살찌는 원인

레몬   **자몽**

맛을 내기 위해 넣은 레몬이나 자몽 같은 과당이나 콘시럽 같은 감미료는 분해 흡수되기 쉽고, 혈당치를 급상승시켜 살이 찌는 원인이 된다.

③ 싸고 어디서나 구입할 수 있다

슈퍼·편의점

350ml로 1캔에 1,500원 정도로 가격이 저렴하며 슈퍼나 편의점 등에서 쉽게 구입할 수 있다.
매일 마시거나 습관적으로 저녁에 반주로 즐기면 중독성이 높아 매우 위험하다.

42 홈술할 때는 천천히 마시자

심야까지 마시는 것은 금물

'온라인 마시기'나 혼자 저녁에 반주를 즐기는 등 집에서 혼술을 즐길 때는 심야까지 계속해서 마시지 않도록 주의해야 한다. 56페이지에서 설명했듯이 지방세포를 만드는 단백질 'BMAL1'(지방 저장 단백질)은 밤10시부터 심야 2시에 증가한다. 내장 지방이 붙지 않게 하려면 이 시간대에는 소화를 다 마쳐야 하므로 미리 시간을 정해 놓고 마시는 것도 방법이다.

또한 집에서 마실 때는 가급적 작은 잔을 사용하는 것이 좋다. 단번에 많은 양의 술을 마시면 알코올과 당질의 흡수가 빨라진다. 캔으로 직접 마시거나 큰 컵을 사용하지 말고 작은 잔으로 조금씩 마시는 습관을 들이도록 하자.

안주를 만들 때는 적극적으로 식초를 활용하는 것이 좋다. 66페이지에서 설명했듯이 식초는 내장 지방을 줄이는 작용을 한다. 뿐만 아니라 당뇨병과 지방간, 지질 이상증을 예방하기도 하며, 어떤 재료와도 궁합이 좋아 다양한 안주에 넣어 먹을 수 있다. 식초를 간장과 섞은 초간장은 해산물이나 해초와 궁합이 좋고, 흰 된장에 겨자와 함께 넣은 초된장은 무침이나 샐러드 드레싱에도 제격이다. 식초를 다양한 음식에 이용하면 질리지 않고 계속 먹을 수 있을 것이다.

홈술을 억제하는 4개 조항

1 밤 10시까지만 마신다

BMAL 1(지방 저장 단백질)는 밤 10시부터 심야 2시에 증가한다. 내장 지방이 붙지 않게 하려면 밤 10시에는 소화를 마치는 게 이상적이므로 미리 시간을 정해 두고 마시는 것이 좋다.

2 맥주는 소용량으로 준비하고, 와인은 페트병으로 옮긴다

캔맥주는 작은 사이즈로 준비해두면 과음을 막을 수 있다. 개봉한 와인은 마실 만큼만 따라놓고 나머지를 페트병에 옮겨 놓으면 일주일 정도 저장할 수 있다.

3 안주로는 버섯이나 식초가 들어간 음식을 먹는다

식이 섬유가 풍부하고 칼로리가 낮은 버섯은 당 대사를 촉진하는 효과가 있어 안주로 제격이다. 초된장 등 식초를 사용한 조미료나 피클 등을 준비해 두는 것도 좋다.

4 절반은 무알코올로 즐긴다

알코올 도수가 있는 술과 비교해도 손색이 없을 정도로 맛있는 무알코올 제품이 있으므로 잘 골라 즐기면 알코올의 양을 줄일 수 있다.

해장술·취침 전에 마시는 술은 금물

잠이 안 올 때 술을 마시면 잠이 잘 온다고 말하는 사람도 있고, 해장술을 마시면 숙취 해소에 도움이 된다고 말하는 사람이 있다. 하지만 이것은 위험하다. 깊은 잠을 못 자고 자주 깰 수 있고, 심한 경우 수면 무호흡증을 일으킬 수도 있다.

- 잠을 깊이 자기 어렵다. ・수면 도중에 깰 수 있다.
- 피로가 풀리지 않는다. ・점점 잠이 잘 안 온다.

수면 무호흡증에 걸리기 쉽다!

43 당질 제로라도 과음하면 살이 안 빠진다?!

알코올 자체가 내장 지방의 원인으로 작용할 수도

최근 건강에 대한 관심이 높아지면서 '당질 제로' 혹은 '당류 제로' 알코올 음료에 관심을 갖는 사람들이 많다. 살이 찌지 않을 거라고 안심하고 이런 알코올 음료를 많이 마시는 것은 매우 위험하다.

식품 등의 표시·광고에 관한 법률(약칭: 식품표시광고법)에는 식품에 함유된 영양에 관한 표시를 규정하고 있으나 사실은 **일정량 이하이면 '당질 제로', '당류 제로'로 표시해도 된다.** 그런데 당류 지정에서 누락되어 있는 당분도 여러 가지인데 이런 것이 함유되어 있어도 '무가당'으로 취급한다.

알코올 음료의 경우는 들어 있는 당질보다 알코올 자체의 영향에 주의할 필요가 있다. **알코올은 식욕을 돋워 더 많은 음식을 먹도록 유도할 뿐 아니라 내장 지방의 분해를 막는 작용을 한다. 게다가 알코올이 간에서 분해될 때 마신 양에 비례하여 중성 지방의 합성이 진행되는 것으로 알려져** 있다.

당질이 많이 함유된 술보다 '당질 제로'인 술을 선택하는 것이 바람직하나 그렇다고 다량으로 마시는 것은 좋지 않다. 88페이지에서도 언급했듯이 적당량의 술이면 좋은 약이 되지만 알코올 자체에도 살이 찌는 원인이 있으므로 '당질 제로'나 '당류 제로'인 알코올 음료라도 과음은 금물이다.

'당질 제로'와 '당류 제로'의 차이는?

'당질 제로'와 '당류 제로'는 매우 비슷한 말로, 둘 다 당이 들어 있지 않은 느낌을 주지만 의미가 다르다. 당류는 당질의 일부를 가리키는 말이라서 '당류 제로' 상품의 경우도 당질이 함유되어 있을 수 있으므로 주의해야 한다.

- 당질 = 탄수화물 – 식이 섬유
- 당류는 당질의 일부

'당류 제로' 상품에는 '당질'이 함유되어 있을 수 있다!

함유량이 제로가 아니어도 '제로'라고 표시할 수 있다?!

당질이나 당류는 식품표시법이 정한 식품표시 기준에 근거하여 표시하게 되어 있다. 당류, 당질 모두 식품 100g(100㎖당)에 함유되어 있는 양이 0.5g 미만이면 '제로'라고 표시해도 무방하다.

식품 100g당(100㎖당) 함유량이 0.5g 미만

=

'제로'나 '무(無)' 등으로 표시할 수 있다!

당을 제로라도 과음하면살이 안 빠진다?!

44 알코올이 근육을 분해한다고?

보통의 섭취량으로는 분해되지 않는다

"알코올이 근육을 분해한다."고 말하는 사람들이 있다. 하지만 통상적으로 마시는 알코올의 양으로는 근육을 분해하기가 어렵다.

만약 알코올이 근육을 분해한다면 식사나 안주를 전혀 먹지 않고 소주 한 되(약 1.8리터)를 마시는 등 극단적인 경우이다. 이렇게 되면 체내의 영양이 부족해서 근육을 분해해 버릴 가능성이 있기는 하다. 충분히 영양을 섭취하는 가운데 음주를 즐기는 정도로 마셔서는 근육을 분해할 가능성이 거의 없다고 할 수 있다.

알코올 섭취보다는 오히려 극단적으로 당질을 제한하면서 과도한 운동을 할 때 근육이 분해될 수 있다. 당질이 부족한 상태에서 격렬한 운동을 하면 에너지가 부족하기 때문에 근육을 분해해서 에너지로 사용하는 것이다.

살을 빼기 위해서는 근육의 양을 늘리는 것이 필수다. 알코올의 양은 88페이지에서 소개했듯이 하루에 40그램이면 건강을 유지할 수 있다.

적당량의 알코올과 적당한 운동, 적당한 당질 제한, 충분한 단백질 섭취에 신경을 쓰고 있다면 근육이 분해되는 것을 염려하지 않고 알코올을 즐길 수 있을 것이다.

적당량의 알코올은 근육을 분해할 걱정이 없다!

체내의 영양이 부족한 경우에는 알코올이 근육을 분해해서 에너지로 사용하려고 한다. 하지만 일반적으로 마시는 알코올 양이라면 극단적으로 식사를 거르지 않는 한 근육을 분해해 버릴 염려는 거의 없다.

적당량의 술이라면 OK   식사를 제대로 한다면 OK

위험한 것은 술보다 당질 부족

알코올 섭취보다 오히려 극단적으로 당질을 제한한 경우에 근육을 분해할 가능성이 높다. 당질 제한 상태에서 과도한 운동을 하면 근육을 분해하여 에너지로 사용한다.

당질   과도한 운동

에너지가 부족하다.

근육을 분해한다!

다이어트 효과만 있는 게 아니다!
녹차의 위력

녹차를 꾸준히 마시면 다이어트에 좋을 뿐만 아니라 몸속 지방을 분해하는 데도 효과적이다. 녹찻물로 입 안을 헹구면 감염증 예방 효과도 기대할 수 있다.

자주 마시는 것이 효과적

찻주전자에 끓이기가 귀찮다면 패트병에 담긴 녹차라도 괜찮다. 외출할 때도 가지고 다니며 자주 마시자. 오전과 오후에 각 500ml 정도 마시면 감기에 잘 걸리지 않고 걸렸을 때도 가벼운 증상으로 지나간다.

'마시는 습관'에서 '먹는 습관'으로

찻잎에는 카테킨, 테아닌, 비타민 C, 비타민 E, 베타카로틴, 식이 섬유 등이 많이 함유되어 있다. 이 중 뜨거운 물에 녹는 성분은 약 30%이므로 마시기보다도 찻잎째 먹으면 유효 성분을 풍부하게 취할 수 있다.

녹찻물로 양치하면 감염증 예방 효과도

녹차는 항바이러스·항균 작용을 하므로 물을 사용하는 것보다도 효과적이다. 양치질한 후에 녹찻물을 삼키면 양치질로는 제거되지 않는 바이러스도 흘려보낼 수 있다. 삼킨 바이러스는 위장 내 강한 위산에 의해 사멸된다.

녹차의 카테킨이 혈당치 상승을 억제한다

녹차에 함유된 카테킨은 당질의 흡수를 늦춰 혈당의 급격한 상승을 막아 준다. 시즈오카현립대학 연구팀은 녹차를 하루에 7잔 정도 마시면 혈당이 개선된다고 보고한 바 있다.

제 5 장

꾸준히 계속한다!
내장 지방을 없애는 생활 습관

45 우선 기록하자

식생활의 문제점을 파악한다

무리 없이 내장 지방을 줄이기 위해서는 먹는 음식이나 먹는 시간, 양 등 식생활 전반을 재검토해 개선해야 한다. 재검토하기 위해서는 자신의 습관을 제대로 파악해야 하므로 우선은 '식사 일기'를 쓰는 것이 좋다.

식사 일기란 노트나 수첩, 스마트폰 등에 마시거나 먹은 것을 메모해 두는 것이다. 아침, 점심, 저녁에 먹은 것과 마신 음료를 각각 적어서 나중에 다시 볼 수 있도록 해 둔다. 스마트폰으로 먹은 음식을 촬영해 두는 것도 좋다. 먹는 시간대에 따라서도 붙는 지방이 달라질 수 있으므로 식사한 시간을 메모해 두면 더욱 좋다.

아울러 매일 체중을 잰 다음 메모를 해 두자. 내장 지방은 식생활을 개선하면 곧바로 효과가 나타나므로 동기 부여가 될 수 있다. 체중은 시간대에 따라 차이가 나기 때문에 보다 정확한 변화를 파악하기 위해서는 매일 같은 시간에 재는 것이 좋다.

'나는 그리 많이 먹지 않았다.'고 생각하는 사람이라도 이렇게 객관적으로 식생활을 재검토하면 간식을 자주 먹는 습관이나 저녁을 먹자마자 잠을 자는 습관 등 간과하기 쉬운 문제점이 보일 수 있다.

먹다 남기는 것이 내장 지방을 줄이는 첫걸음

식생활을 개선하기 위해 우선 먹는 습관을 파악하도록 하자.
손쉽게 스마트폰으로 사진을 찍어 남겨두는 것도 좋다.

식사 일기의 예

	12월 1일	12월 2일	12월 3일
아침	토스트, 커피	토스트, 커피	크로와상, 햄 에그
점심	스파게티 미트소스	카레라이스	된장라면
저녁	밥, 샐러드, 연어소금구이, 냉두부	샐러드, 생선튀김, 감자튀김, 낫토	밥, 야채볶음, 돼지고기볶음
간식	초콜릿 2조각	쿠키 1개	전병 1개
음료	없음	생맥주 1잔, 하이볼 3잔	없음
체중	62.5kg	63kg	62.8kg

몸무게는 매일 정해진 시간에 재도록 하자.

46 건강 검진 1주일 전부터라도 생활 습관을 개선하면 효과는 있다

건강 검진을 계기로 생활 습관을 재검토한다

건강 검진 날짜가 다가오면 '좀 더 일찍 건강에 신경 쓸 걸'하고 후회하는 사람도 많을 것이다. 평소에 당질을 제한하고 적당한 운동을 한다면 더할 나위 없이 좋겠지만 건강 검진 직전 1주일이라도 생활 습관을 재검토하면 수치의 개선을 기대할 수 있다.

30페이지에서 소개한 '주의해야 할 건강 검진 수치' 중에서도 '중성 지방'은 3일 전에 먹은 것이 영향을 미친다. 그러므로 1주일 전부터라도 당질을 자제하는 등 먹는 음식에 신경을 쓰면 수치가 개선될 수 있다. 건강 검진 하루 전에 당질을 과다 섭취하면 평상시보다 높은 수치가 나올 수 있으므로 주의가 필요하다.

혈압이나 콜레스테롤치, ALT(GPT), AST(GOT), γ-GTP 등은 약 1개월 전, HbA1c(NGSP)는 약 45일 전에 먹은 음식이 영향을 미친다. 그러므로 1개월 전부터 생활 습관을 재검토하는 것이 좋지만 늦었다면 1주일 동안이라도 신경을 써 보자.

갑자기 지금까지 해오던 생활을 바꾸기는 어렵겠지만 식사나 운동 등 할 수 있는 것은 검토해 보자. 우선은 눈앞의 건강 검진 수치 개선을 목표로 단기적으로 생활습관 개선을 시작하고, 또 다음의 건강 검진을 위해 습관화하기를 바란다.

우선은 건강 검진을 목표로 생활 습관의 재검토를

단 1주일이라도 식생활 등 생활 습관을 개선하면 건강 검진 수치에 변화가 나타난다. 계기가 없어 생활 습관을 바꾸지 못하는 사람이라면 우선 건강 검진을 목표로 현재의 생활을 검토해 보자.

검사 항목	어느 정도 전에 먹은 것이 영향을 주는가
혈당치	1시간 전
중성 지방(TG/트리글리세라이드)	3일 전
총 콜레스테롤(T-Cho)	
LDL 콜레스테롤(LDL-C)	
HDL 콜레스테롤 (HDL-C)	
혈압	
ALT(GPT)	1개월 전
AST(GOT)	
γ - GTP	
알부민	
HbA1c(NGSP)	1개월 반 전

> 먹으면 즉시 올라가 버리므로 공복 상태로 검진을 받자.

> 1개월 전부터의 생활 습관을 재검토하는 것이 이상적이다.

건강 검진 1주일 전부터라도 생활 습관을 개선하면 효과는 있다

건강 검진 1주일 전 프로그램 (식사편)

야채나 버섯, 해조류를 먼저 먹는다

식이 섬유가 풍부하고 저에너지의 식품부터 먹으면 그 후에 먹는 음식을 서서히 흡수하기 때문에 지방이 잘 쌓이지 않는다.

**식사는 건강의 기본이다.
먹는 것, 먹는 방법 등을
신경 쓰기만 해도
중성 지방과 콜레스테롤 수치를
낮출 수 있다.**

식사는 평소의 90%만 먹는다

식사량을 평소보다 10% 줄여 여분의 지방이 쌓이지 않도록 한다. 가능하다면 쌀 등 당질이 많이 함유된 음식을 줄이도록 하자.

평소보다 10회 더 많이 씹고 먹는다

+10번!

천천히 먹으면 혈당치가 급격히 올라가는 것을 막는다. 평소보다 많이 씹어 먹도록 의식하고, 맛을 음미하면서 먹자.

밤 10시 이후에는 먹지 않는다

밤 10시부터 심야 2시는 살이 찌기 쉬운 시간대이다. 먹고 바로 자면 먹은 것이 잘 분해되지 않고 지방으로서 축적되기 쉽다.

당질이나 알코올을 과잉 섭취하지 않도록 한다

당질이나 알코올을 적당히 섭취한다면 문제가 없지만 지나치게 섭취하는 사람이 많다. 건강 검진 1주일 전에는 의식적으로 섭취량을 줄이도록 하자.

건강 검진 1주일 전 프로그램 （생활 습관편）

평소보다 30분 더 걷는다

걷는 것도 좋은 운동이다. 걷는 시간을 출퇴근길에 15분씩 총 30분만 늘려도 점차 내장 지방이 줄고 수치도 개선된다.

**헬스장에 다니는 등
격렬한 운동을 할 필요는 없다.
평소보다 조금 더 걷고 잘 자는 등
평소의 생활을 조금 바꾸기만 해도
몸에 변화가 나타난다.**

담배를 삼간다

담배를 피우면 혈관이 수축되어 유연성을 잃어버리게 된다. 혈관 상태가 나빠지면 살이 찌기 쉬울 뿐만 아니라 생활 습관병 위험이 높아진다.

에스컬레이터나 엘리베이터는 타지 않는다

운동할 시간이 없는 사람은 전철을 타고 있는 시간 동안은 앉지 말자. 그리고 에스컬레이터나 엘리베이터도 타지 않도록 하자.

스트레스를 쌓아두지 않는다

짜증이 나거나 긴장하면 혈당치가 상승한다. 자기 나름의 스트레스 해소법을 찾아서 쌓아두지 말고 그때그때 풀자.

수면을 충분히 취한다

수면을 충분히 취하면 혈압이 안정된다. 자는 동안 호르몬 분비와 대사가 이루어지므로 7시간을 기준으로 충분한 수면 시간을 확보하자.

47 남성은 2개월, 여성은 3개월 후부터 변한다

지방의 종류에 따라 줄어드는 속도가 다르다

"한 달 정도 지나야 살이 빠진다."고 흔히들 말한다. 하지만 보통 붙기 쉬운 지방 유형은 남녀가 다르기 때문에 체중이 빠지는 속도도 다르다. 34페이지에서 소개한 것처럼 일반적으로 남성은 내장 지방이, 여성은 피하 지방이 붙기 쉽다는 특징이 있다.

내장 지방은 연소되기 쉬워 내장 지방이 붙기 쉬운 남성의 경우는 체중 감량을 시작한 지 2개월 정도 지나면 체형의 변화가 보인다. 반면 피하 지방은 잘 연소하지 않고 제거하기 어려워 여성의 경우는 체중이나 체형 변화가 나타나기까지 3개월 정도 걸리는 경우가 많다.

게다가 여성의 경우는 갱년기 이후에 여성 호르몬이 감소하여 내장 지방이 붙기 쉬운 체질로 바뀐다. 내장 지방은 피하 지방에 비해 생활 습관병 등의 질병을 일으킬 위험이 현격히 높다. 50대 이후에 살이 찐 이 경우에는 내장 지방이 증가하고 있을 가능성도 있으므로 특히 주의해야 한다.

남자와 여자는 지방이 붙는 유형이 다르다. 하지만 모든 사람이 다 그런 것은 아니므로 궁금하다면 병원에서 검사해 자신의 지방 종류를 자세하게 알아 보자. 116페이지에도 자세하게 설명하겠지만 급격한 체중 감량은 좋지 않다. 제거해야 할 지방의 유형에 맞는 방법으로 꾸준히 체중을 감량해 나가자.

비만 유형의 남녀 비율

내장 지방형과 피하 지방형의 비율을 비교해 보면 남성의 약 90%가 내장 지방형 비만이다. 여성의 경우는 피하 지방형의 비율이 높으나, 여성 호르몬이 줄어드는 50대 이후부터 내장 지방형 비만이 증가한다.

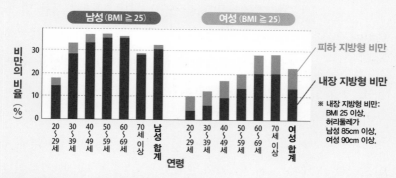

출처: 후생노동성 '2018년 국민건강 · 영양조사'를 참고하여 작성

내장 지방과 피하 지방의 체중 감량기의 변화

내장 지방은 비교적 쉽게 줄어드는데 반해 피하 지방은 좀처럼 줄어들지 않는다. 이를 보면 일반적으로 여성은 남성보다 감량하기 어렵다는 것을 알 수 있다.

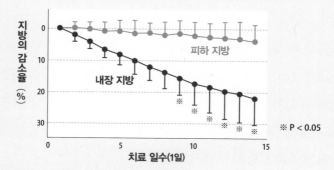

출처: Li Y, et al. Exp Biol Med. 228, 2003, 1118–23.을 참고하여 작성

남성은 2개월, 여성은 3개월 후부터 변한다

48 한 달에 500그램 감량이 이상적

급격한 다이어트는 역효과

건강 검진에서 내장 지방이 많다는 진단이 나오면 갑자기 다이어트를 시작하는 사람이 많다. 하지만 극단적으로 당질 섭취량을 줄여 한 달에 3, 4킬로그램이나 몸무게를 빼는 다이어트는 문제가 있다. 몸 상태가 나빠질 뿐 아니라 요요 현상이 생겨서 체중이 오히려 늘어날 수 있기 때문이다.

50페이지에서 언급했듯이 당질을 극단적으로 제한하면 간에 축적되는 중성 지방이 부족해, 몸이 위기감을 느끼고 온몸의 중성 지방을 간으로 보내도록 작용한다. 간에 중성 지방이 집중되는 저 영양성 지방간(다이어트성 지방간)이 생길 수 있는 데다 지방이 잘 붙는 체질로 바뀌어 길게 보면 체중이 증가할 가능성도 높다. 중성 지방이 붙기 쉬운 남성뿐만이 아니라 극단적인 다이어트를 하기 쉬운 여성도 주의할 필요가 있다. 다이어트한 결과 살은 빠졌으나 배만 불룩 튀어나와 있다면 그 사람은 틀림없이 지방간이다.

추천하고 싶은 방법은 44페이지에서 언급했듯이 탄수화물의 약 15%를 줄이는 것이다. 그 정도 당질만 줄이면 다이어트 지방간이 될 위험은 거의 없다. 밥이라면 한 숟가락만 줄이면 된다. 탄수화물을 하루에 15%만 줄여도 한 달 만에 500g을 감량할 수 있다. 건강하고 날씬한 몸을 만들기 위해서는 천천히 그리고 꾸준히 노력하는 것이 중요하다.

당질을 조금만 줄여도 살을 뺄 수 있다!

평소에 먹는 당질의 약 15%만 줄여도 1개월에 체중을 500g 정도 줄일 수 있다. 과도한 식사 제한을 하면 힘들어 오래 지속하지 못한다. 식사를 즐기면서 건강한 다이어트를 목표로 하자.

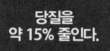

=

조금만 신경 써도
내장 지방을 줄일 수 있다!

조금씩 체중을 줄이면 좋은 점

요요 현상에 대한
걱정이 없다!

건강을
유지할 수 있다!

먹고 싶을 때
참을 필요가 없다!

49 운동은 스쿼트만 하면 된다!

내장 지방을 줄이기 위해서는 당질과 지방을 소비하는 근육을 늘려야 한다. 근육이 많을수록 기초 대사량이 증가해 살이 잘 찌지 않는 체질로 바뀌기 때문이다.

특히 허벅지나 엉덩이 같은 큰 근육이 있는 부위를 단련하는 것이 좋다. 큰 근육이 단련되면 에너지 소비량이 증가하여 보다 많은 포도당을 흡수할 수 있게 된다.

내가 추천하고 싶은 근육 운동으로는 넙다리네갈래근(대퇴사두근, Quadriceps femoris muscle), 햄스트링(넙다리두갈래근, 넓적다리뒤근육, Hamstring), 큰볼기근(대둔근, Gluteus maximus)등 큰 근육을 단련할 수 있는 '슬로우 스쿼트(Slow Squart)'다.

방법은 간단하다. 먼저 등을 펴고 똑바로 선 상태에서 팔을 가슴 앞에서 교차시킨다. 아니면 양손을 앞으로 뻗어도 좋다. 자신이 움직이기 편한 쪽을 선택하면 된다. 그런 다음 5초에 걸쳐 숨을 내쉬면서 엉덩이를 약간 뒤로 내밀고 조금씩 무릎을 구부린다. 무릎을 발끝보다 앞으로 내밀지 않도록 조심하면서 허벅지가 바닥과 평행해질 때까지 굽혔다가 5초 정도 숨을 들이마시고 천천히 일어난다. 이 동작이 1세트이다. 일어섰을 때 무릎이 다 펴지지 않은 상태에서 다시 구부리는 동작으로 들어간다.

이 동작을 아침저녁으로 5번씩 총 2세트 진행하자. 근육에 느껴지는 자극을 의식하면서 바른 자세로 실시하면 곧바로 효과를 실감할 수 있을 것이다.

스쿼트로 단련할 수 있는 근육

몸 중에서도 하체에는 커다란 근육들이 모여 있다. 스쿼트는 효율적으로 근육을 늘려 하체를 탄탄하게 단련할 수 있는 운동이다. 특별한 도구가 필요 없어 언제 어디서나 할 수 있는 운동이기도 하다.

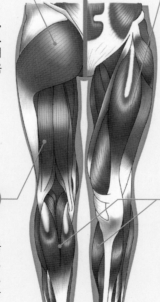

대둔근

(큰볼기근)

단일 근육에서 가장 큰, 엉덩이를 형성하는 근육. 서거나 앉을 때 사용되며 지방이 쌓이기 쉬운 근육 중 하나이다.

대퇴사두근

(넙다리네갈래근)

허벅지를 구성하는 4개의 근육(외측광근, 대퇴직근, 중간광근, 내측광근)을 통틀어 이르는 말이다. 몸 중에서 가장 부피가 크다.

햄스트링

(넙다리두갈래근)

허벅지 뒤쪽에 있는 근육으로 반막양근, 반건양근, 대퇴이두근의 총칭이다. 동작을 멈추거나 방향을 바꿀 때 사용한다.

종아리

장딴지근, 가자미근 등으로 이루어져 있으며 달리거나 뛸 때 사용하는 근육. 특히 넙치근에는 지방이 쌓이기 쉽다.

뒤   앞

운동은 스쿼트만 하면 된다!

내장 지방을 태우는 ─────────
슬로우 스쿼트

내장 지방을 빼려고 격렬한 운동을 할 필요는 없다. 스쿼트는 큰 근육이 집중되어 있는 하체를 단련하는 가장 효과적인 운동이다.

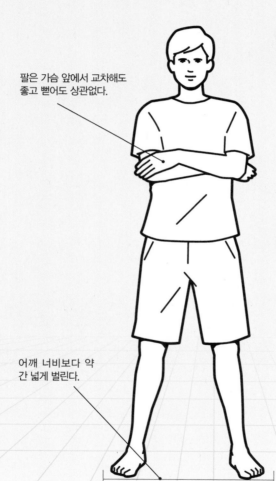

팔은 가슴 앞에서 교차해도 좋고 뻗어도 상관없다.

어깨 너비보다 약간 넓게 벌린다.

하루
2세트
5회에 1세트

« **1**

양 다리를 어깨 너비보다 약간 넓게 벌리고 선다.

양 다리를 어깨 너비보다 약간 넓게 벌리고 등 근육을 늘려 똑바로 선다.

시선은 똑바로
앞을 향한다.

등이 구부러지지
않게 한다.

40도

《 **2**

천천히 허리를 내린다.

무릎이 40도가 되도록 구부리고
입으로 숨을 천천히 내쉬면서
5초에 걸쳐 허리를 내린다.

3 》

허벅지와 바닥이 평행해질 때까지
무릎을 굽힌다.

허벅지가 바닥과 평행해지는 위치까
지 무릎을 굽혔다가 숨을 들이마시면
서 5초에 걸쳐 2의 위치로 돌아간다.
2와 3을 5회 반복한다.

※ 2에서 3으로 돌아갈 때는 무릎을 완전히 펴지
않고 40도 각도로 만든다.

등줄기는 쭉 뻗은
그대로 유지한다.

허벅지와 바닥이 평행을
이루도록 한다.

무릎이 발끝보다 앞으로
나오지 않도록 한다.

50 스트레스는 내장 지방의 근원

식욕을 억제하는 호르몬이 감소한다

스트레스를 받으면 그에 대항하기 위해서 신장 옆에 있는 부신이라는 장기에서 '코르티솔'이라는 호르몬이 분비된다. 이 호르몬을 일명 '스트레스 호르몬'이라고 부르는데, 스트레스가 심할수록 호르몬의 분비량이 증가한다.

코르티솔의 분비량이 늘어나면 식욕을 억제하는 호르몬 '렙틴'의 분비량은 줄어든다. 그러면 식욕을 억제하지 못하고 먹는 양이 증가하기 때문에 혈당이 상승하고 지방이 쌓이기 쉽다.

게다가 스트레스를 받은 인체는 이에 대항하기 위해서 '아드레날린'과 '글루카곤'이라고 하는 호르몬도 분비해 혈당치를 상승시킨다. 그 결과, 특히 배 주위에 지방이 쌓이게 된다.

스트레스가 지나치게 쌓이면 내장 지방이 증가하기 쉬울 뿐만 아니라 신경증을 일으킬 위험도 증가한다. 스트레스를 완전히 없애기는 불가능하므로 잘 제어해서 완화시키는 것이 중요하다. 몸을 움직이거나 취미에 몰두하거나 좋아하는 음악을 들으며 편안히 쉬는 등 자신에게 맞는 해소법을 찾아 보자.

참고로 스트레스에 지지 않기 위해서는 아드레날린의 분비가 불가결한데 그 합성에는 비타민 C가 있어야 한다. 양배추와 브로콜리, 토마토 등 비타민 C가 풍부하고 당질의 양이 적은 채소를 자주 먹도록 하자.

스트레스가 살찌는 원인으로

스트레스가 쌓이면 정신적으로 병들 뿐만 아니라 살찌기 쉬운 체질로 바뀐다. 건강을 위해서는 물론 살을 빼기 위해서도 스트레스 조절이 중요하다.

코르티솔

코르티솔은 스트레스를 받으면 그에 대항하기 위해 부신에서 분비되는 호르몬으로 스트레스 호르몬이라고도 부른다. 스트레스가 심할수록 코르티솔은 더 많이 분비된다.

증가하면….

먹는 양이 많아진다!

식욕을 억제해 주는 호르몬 렙틴의 분비량이 줄어 식욕을 억제하지 못하기 때문에 먹는 양이 많아진다.

지방이 축적되기 쉽다!

혈당치가 상승해 지방이 축적 되기 쉽다. 특히 복부에 지방 이 잘 붙는다.

마음의 사인

- 불안이나 긴장감이 높아진다.
- 잘 놀란다.
- 기분이 가라앉는다.
- 의욕이 없어진다.
- 사람들과 어울리기를 피하게 된다.

몸의 사인

- 어깨 결림, 요통, 두통 등이 생 긴다.
- 잠을 잘 못잔다.
- 식욕이 없어지고, 과식하게 된다.
- 설사나 변비가 잘 생긴다.
- 현기증이나 이명이 생긴다.

출처: 일본 후생노동성 '마음도 관리하자 ～ 젊은이를 지지하는 멘탈헬스 사이트 ～ '를 참고하여 작성

스트레스는 내장 지방의 근원

51 좋은 잠이 모든 것을 해결해 준다

수면이 부족하면 식욕이 증가한다

수면이 부족하면 식욕을 억제하는 호르몬인 '렙틴'의 분비량이 감소하고 반대로 식욕을 돋우는 호르몬인 '그렐린' 분비량이 증가한다. 만성 불면증이 있어도 혈당을 상승시키는 호르몬인 '당질 코르티코이드'가 과도하게 분비된다. 내장 지방을 제거하는 데도 수면이 중요하다는 것을 알 수 있다.

수면 중 방출되는 호르몬은 손상된 혈관을 복구하고 동맥경화를 막아준다. 잠자는 동안에는 간의 대사 활동과 해독 작용도 억제되기 때문에 간 기능 향상을 기대할 수 있다. 반대로 수면이 부족하면 혈액에 노폐물이 쌓이기 쉽고 호르몬의 분비나 대사에 이상이 일어나 지질 이상증이나 당뇨병 등을 초래하게 된다.

수면 시간이 극단적으로 길어도 자율신경이나 호르몬 분비에 이상이 생길 수 있다. 어른의 경우 7시간 수면이 이상적이라고 하지만 중요한 것은 시간이 아니라 '질'이다.

수면을 질을 높이기 위해서는 매일 일정한 시간에 자고 일어나는 습관이 중요하다. 침실은 약간 어둡고 조용한 환경을 만들고 기상 후에는 아침 햇살을 받으며 몸의 스위치를 켜도록 하자. TV나 컴퓨터, 스마트폰은 잠들기 1~2시간 전에는 끄는 것도 중요하다. 특히 스마트폰 등의 블루라이트는 잠을 부르는 호르몬을 감소시킨다.

수면의 질이 나쁘면 살찌기 쉽다?

수면이 부족하면 혈액 속에 노폐물이 쌓이기 쉽고 대사나 호르몬 분비에 이상이 생겨 지질 이상증이나 당뇨병이 생기기 쉽다. 수면 시간이 너무 길면 자율신경이나 호르몬 분비에 변화가 생기므로 질 좋은 수면을 적당히 취하는 것이 중요하다.

좋은 수면 요령

수면은 시간보다 질을 높이는 것이 중요하다. 수면의 질을 높이면 호르몬 분비가 정상적으로 이루어질 뿐만 아니라 간 기능도 재충전되어 대사가 향상된다.

일정한 시간에 일어난다.

스마트폰, TV 등은 1~2시간 전에 끈다.

밤 10시~12시쯤에 잠자리에 든다.

아침에 일어나 햇빛을 쬔다.

이 책을 읽고 난 지금 여러분은 어떤 생각이 드는가? 계속 실행할 수 있을까?

복습하는 차원에서 내장 지방을 빼는 요령을 정리해 보겠다. 우선 당질을 제한할 것. 칼로리가 아니라 당질의 양을 줄여야 한다. 조금만 줄여도 좋다! 극단적으로 당질을 줄일 필요는 없다. 지금 하루 섭취량에서 약 15% 줄이면 된다. 줄인 만큼 고기와 달걀 등 근육의 원료가 되는 단백질을 약 15% 늘리는 것이 효과적이다.

그리고 잘 씹어서 천천히 먹자. 이렇게 하면 당질이 서서히 흡수되어 혈당치의 급상승을 막아준다. 혈당치가 갑자기 올라가면 인슐린이 췌장에서 대량으로 분비되고 여분의 당질을 중성 지방으로 만들어 버린다. 천천히 먹기 위해서는 음식을 입에 넣으면 30번을 목표로 씹어 먹자. 사실 잘 씹는 게 내장 지방을 제거하는 지름길이므로 꼭 의식하도록 하자.

신종 코로나바이러스 감염증으로 인해 의료계가 큰 전환기를 맞고 있다. 질병이 발견되고 나서 치료하는 수동적 의료 시대가 계속되다 질병을 미연에 방지하는 예방 의료의 시대가 바야흐로 막을 올렸다. '내 건강은 내가 관리하고 지키는 시대'가 된 것이다.

사람은 병에 걸려야 비로소 건강의 고마움을 알지만, 그때는 너무 늦다. 건강은 무엇과도 바꿀 수 없는 자기자본이다.

이 책를 통해서 내장 지방을 제거하는 요령을 터득한다면 저자로서 더없는 기쁨이 되겠다.

구리하라 클리닉 도쿄·니혼바시원장
구리하라 다케시

잠 못들 정도로 재미있는 이야기

내장 지방

2023. 6. 21. 1판 1쇄 발행
2024. 1. 3. 1판 2쇄 발행

감　　수 │ 구리하라 다케시(栗原 毅)
감　　역 │ 최연경
옮긴이 │ 김선숙
펴낸이 │ 이종춘
펴낸곳 │ BM (주)도서출판 **성안당**
주소 │ 04032 서울시 마포구 양화로 127 첨단빌딩 3층(출판기획 R&D 센터)
　　　 │ 10881 경기도 파주시 문발로 112 파주 출판 문화도시(제작 및 물류)
전화 │ 02) 3142-0036
　　　 │ 031) 950-6300
팩스 │ 031) 955-0510
등록 │ 1973. 2. 1. 제406-2005-000046호
출판사 홈페이지 │ www.cyber.co.kr
ISBN │ 978-89-315-5827-2 (04080)
　　　　 978-89-315-8889-7 (세트)
정가 │ **9,800원**

이 책을 만든 사람들
책임 │ 최옥현
진행 │ 조혜란
교정·교열 │ 조혜란, 김지민
본문 디자인 │ 이대범
표지 디자인 │ 박원석
홍보 │ 김계향, 유미나, 정단비, 김주승
국제부 │ 이선민, 조혜란
마케팅 │ 구본철, 차정욱, 오영일, 나진호, 강호묵
마케팅 지원 │ 장상범
제작 │ 김유석

www.cyber.co.kr ★★★
성안당 Web 사이트

"NEMURENAKUNARUHODO OMOSHIROI ZUKAI NAIZOSHIBO NO HANASHI"
supervised by Takeshi Kurihara
Copyright © NIHONBUNGEISHA 2021
All rights reserved.
First published in Japan by NIHONBUNGEISHA Co., Ltd., Tokyo

This Korean edition is published by arrangement with NIHONBUNGEISHA Co., Ltd.,
Tokyo in care of Tuttle-Mori Agency, Inc., Tokyo through Duran Kim Agency, Seoul.

Korean translation copyright © 2023~2024 by Sung An Dang, Inc.

이 책의 한국어판 출판권은 듀란킴 에이전시를 통해 저작권자와
독점 계약한 BM (주)도서출판 **성안당**에 있습니다. 저작권법에 의하여
한국 내에서 보호를 받는 저작물이므로 무단전재와 무단복제를 금합니다.